Jochen Deicke

Alaska wirklich erlebt

NEUMANN-
NEUDAMM
Verlag für Jagd und Natur

Bildnachweis:

Die Farbaufnahmen stammen von den Teilnehmern an dieser Jagdreise Klemens König, Jochen Deicke, Siegfried Berner und Manfred Schramm. Nach Rückkehr in die Heimat wurden untereinander Bilder ausgetauscht. Heute, nach zwanzig Jahren, ist nicht mehr mit Sicherheit festzustellen, wer die einzelnen Bilder aufgenommen hat.

Die Deutschen Bibliothek – CIP-Einheitsaufnahme
Deicke, Jochen:
Alaska wirklich erlebt / Jochen Deicke. - Melsungen :
Neumann-Neudamm, Verl. für Jagd und Natur, 1997

ISBN 3-7888-0699-0

Riedforststraße 39
34212 Melsungen

Gedruckt auf säurefreiem und alterungsbeständigem Papier

13 Pt. Times
Druck: Maul Druck, Braunschweig
Buchbinderei: Büge, Celle
Titelgestaltung: Lohengrin Marketing Services

Inhalt

Zum Geleit

Lieber Jochen, Du hast mir den Entwurf Deines Buches geschickt und gebeten, kritisch zu prüfen, ob in Deiner Schilderung des Geschehens irgendwo Fehler oder Abweichungen von den tatsächlichen Ereignissen enthalten sind. Insbesondere wolltest Du wissen, ob Du die Bilder Deiner Jagdkameraden richtig gezeichnet hast. Ich habe das getan und kann Dir bestätigen: Genau so war es! Ich sehe keinen Grund, in der Schilderung irgendeines Vorgangs Änderungen vorzunehmen.

Als mich Dein Buch erreichte, habe ich gleich angefangen zu lesen. Und dann konnte ich nicht mehr aufhören; fast zwei Tage lang war ich für meine Frau nicht mehr zu sprechen! Ich habe alles noch einmal erlebt! Ich war wieder in Alaska! Mitten drin! Tag für Tag, Stunde um Stunde. Es war wie ein Traum!

Zahlreiche Jagdreisen haben mich in den nunmehr 82 Jahren meines Lebens ins Ausland geführt. Diese Reise war die schönste! Sicher deshalb, weil nichts vorbereitet oder organisiert war, weil sich jeder von uns bei der Pirsch in diesem traumhaft schönen Land seinen Weg selber suchen mußte oder durfte!
Mit Waidmannsheil

Dein alter (Klemm)

Vorwort

Es ist nicht der Sinn meiner Zeilen, das Land Alaska, die Geschichte oder die Bewohner dieses Landes zu beschreiben. Das haben andere erschöpfend getan. Als Beispiel sei hier Hans-Otto Meissner genannt, dessen Bücher ich nicht nur einmal mit Begeisterung gelesen habe.

Ich möchte über eine Jagdreise berichten, die mich vor 20 Jahren, als man drüben noch ohne Führer frei jagen durfte, gemeinsam mit vier Jagdkameraden in dieses Land geführt hat. Eine Reise, die von großen Erlebnissen, aber auch von Strapazen, Gefahren und Verzweiflung geprägt war. Eine Jagd, bei der das Wort Leichtsinn groß geschrieben wurde, die uns aber vielleicht gerade deshalb die große Freiheit in der reinen Natur dieses herrlichen Landes erleben ließ. Ich möchte schildern, wie ich Alaska dabei gesehen und erlebt habe und welche Gedanken sich aus diesen Erlebnissen heraus in mir aufgebaut haben.

Den Männern, die dabei selbstlos und jederzeit hilfsbereit zu mir gehalten haben, möchte ich an dieser Stelle nochmals meinen herzlichsten Dank sagen. Der größte Dank aber gilt meiner Frau, die mich diesen Weg gehen ließ.

Elstern in der Einflugschneise

Es war im Frühjahr 1975. Rund um unser Häuschen am Südrand der Stadt Offenbach am Main grünte und blühte es, die Vögel zwitscherten und sangen aus vollem Hals und in dem kleinen Teich, den wir uns angelegt hatten, zeigten auch die Fische, daß sie den Frühling durchaus zu würdigen wußten. Sie tummelten sich zwischen den Stauden, jagten sich und schnappten immer wieder nach dem Futter, das meine Frau ihnen auf das Wasser streute. Meist waren es Goldfische; dazwischen einige kleine, dicke Schleierschwänze, die wir eingesetzt hatten. Letztere waren besonders gierig, und wenn sie sich vollgefressen hatten, kam es immer wieder vor, daß sie sich auf den Rücken drehten und mit den dicken Bäuchen dicht unter der Oberfläche offensichtlich schliefen.

Das konnte nicht lange gut gehen, denn in diesem verhältnismäßig dünn besiedelten Stadtrandgebiet trieben sich ständig Elstern herum, die längst erkannt hatten, daß hier Hahn in Ruh herrschte, und die kaum noch Respekt vor den Menschen zeigten. So mußten wir zusehen, wie zwei dieser Fischlein von den Elstern geschnappt und abtransportiert wurden. Die Wut in mir kochte; aber hatte ich eine Chance hier einzugreifen? Ich hatte sie, wenn auch nicht ganz legal.

Das Häuschen, der Garten in dieser Gegend war ein kleines Paradies. Aber wo viel Sonne ist, da ist bekanntlich auch Schatten. Das Paradies lag bei dem vorherrschenden Westwind in der Einflugschneise des Rhein-Main-Flughafens. Bis zum Aufsetzpunkt auf der Landebahn waren es zehn Kilometer, und meist genau über unserem Haus fuhren die großen Jets das Fahrwerk und die Landeklappen aus. Wegen des damit verbundenen größeren Luftwiderstandes wird dann nochmals kräftig Gas gegeben, was zu einem ohrenbetäubenden Lärm führt. Einen solchen, alles übertönenden Krach nutzte ich, um aus dem Schlafzimmerfenster in ersten Stock eine Elster mit einem Schrotschuß Kaliber 16 umzupusten. Der Knall wurde vom Lärm der Düsentriebwerke restlos verschluckt.

Nun waren dort aber mehrere Elstern. Was also tun, um eine Wiederholung zu vermeiden? Ich spießte am Rand des Fischteichs einen Stock in das Erdreich. Oben auf diesem Stock befestigte ich mit Hilfe von Draht die tote Elster in sitzender Stellung. Zwei Tage später kamen plötzlich drei Elstern und flogen Tieffliegerangriffe auf diesen nach ihrer Auffassung wohl abartigen Genossen, der da so stur bei den Menschen hockte. Sie griffen an, bis die tote Elster restlos zerfetzt war! Ich habe dann die Reste entfernt. An den Fischteich aber hat sich danach keine Elster mehr gewagt.

Die großen, meist vierstrahligen Maschinen, die ständig unser Haus überflogen, nahmen meine Gedanken oft mit in die weite Welt. Woher kommt ihr, wohin fliegt ihr? Wie klein ist diese Welt geworden! Ich besorgte mir Zeitschriften und Bücher über ferne Länder; allem voran über die Jagd in fernen Ländern, denn die Jagd hat in meinem Leben immer eine große Rolle gespielt.

So überlegte ich auch nicht lange, als mir ein Jagdkamerad anbot, meine Teilnahme am Tontaubenschießen der Amerikaner auf der Rhein-Main-Airbase zu vermitteln. Dieser riesige Stützpunkt der Amerikaner, der im Süden an den Flughafen Frankfurt am Main angrenzt, durfte nur mit besonderem Ausweis betreten werden. Der Rhein-Main Rod & Gun Club hatte am Rand der Base zwei Skeetstände und einen Trapstand errichtet. Geschossen wurde immer an den Wochenenden. Das Skeetschießen, das ich bis dahin nicht gekannt hatte, begeisterte mich so, daß ich fast jeden Sonntag dort antrat. Die amerikanische Schrotmunition war billig; sie unterlag nicht dem deutschen Zoll, da die Airbase als Zollausland galt. Die Amerikaner verstehen bekanntlich viel vom Tontaubenschießen, da es bei ihnen zu Hause Volkssport ist. So konnte ich viel lernen.

Es war eine kleine Zahl deutscher Sportschützen, die dort an jedem Wochenende mit den Amerikanern um die Wette auf Tontauben schoß. Unter ihnen ein Mann mit Vornamen Klemens, genannt Klemm. Wir beide konnten uns gut leiden. Er hatte schon mehrfach in Kanada gejagt. Auch mit den Amerikanern sprachen wir oft über die Jagd auf ihrem Kontinent. So ergab sich langsam aber sicher die Richtung für meine erste große Jagd im Ausland.

Eines Tages sagte Klemm zu mir: „Ich will noch einmal in Kanada jagen, gehst Du mit?“ „Ich gehe mit, aber nicht nach Kanada, sondern nach Alaska!“ war meine Antwort. Für mich war Alaska immer das Traumland gewesen. Angefangen bei Jack London hatte ich über Alaska alles gelesen, was mir in die Finger kam, und vieles nicht nur einmal! Wir einigten uns auf Alaska und steckten die folgenden Bedingungen ab:

- Wir wollten für diesen Jagdausflug eine Gruppe von mindestens drei, höchstens fünf Jägern bilden.
- Es sollte ohne Guide gejagt werden, was damals noch möglich war. (Allerdings waren Grizzly und Schafe hiervon ausgenommen.)
- Die Reise sollte nicht länger als fünf Wochen dauern.
- Die entstehenden Kosten sollten einschließlich Flug 5000 Mark möglichst nicht überschreiten.

In zwei Jagdzeitschriften gaben wir die Annonce auf: „Wer geht mit nach Alaska?“ Damals fand man in den Jagdzeitschriften oft derartige Anzeigen.

Wir bekamen fünf Antworten. Drei davon waren mit unseren Plänen einverstanden. Den Abflug in Frankfurt/Main legten wir auf den 11. September 1975. Dabei unterstellten wir, daß Mitte September die Geweihe der Elche und der Karibu verfegt sein würden und daß die Schwarzbären bis Anfang Oktober den Winterpelz angelegt hätten.

Die somit entstandene Jagdgesellschaft setzte sich aus Männern zusammen, die in Frankfurt/Main, Offenbach/Main, Hamburg, Stuttgart und im Raum Aschaffenburg zu Hause waren. Das Alter der einzelnen Weidgenossen betrug 63, 54, 34, 29 und 22 Jahre. Klemm war der Älteste, Manfred der Jüngste. Dazwischen lagen Jochen, Dieter und Siegfried. Manfred hatte damals noch keinen Jagdschein. Das war auch nicht erforderlich, denn in Alaska konnte jeder auch ohne Nachweis einer entsprechenden Ausbildung einen Jagdschein lösen. Manfred war allerdings ein sehr guter Schütze, was er regelmäßig in einem Schützenverein demonstrierte. Die Berufe erstreckten sich vom Gemüsehändler über den Feuerwehrmann, Architekten, Beamten bis zum Leiter der Filiale eines Großunternehmens. Gemeinsame Vorbereitungen oder Absprachen gab es nicht. Jeder packte das ein, was er für richtig hielt. Ich war der Einzige, der die englische Sprache halbwegs beherrschte.

Damals kam ich oft ins Grübeln, ob dieses Unternehmen überhaupt Erfolg haben könnte. Außer Klemm kannte ich keinen. Wie würden wir miteinander auskommen? War dieser Altersunterschied von mehr als 40 Jahren innerhalb der Gruppe vertretbar? Es war klar, daß auch harte Tage auf uns zukamen. Würde die Fitneß aller Teilnehmer ausreichen, um das durchzustehen? Wie würden wir mit Gefahren, Krankheiten, Verletzungen fertig werden? Würde es zu einer Gemeinsamkeit, einer Kameradschaft kommen? Oder stand Ärger ins Haus? Auch die äußerst mangelhaften Vorbereitungen machten mir Sorgen.

Sicher, ich hatte mich mit der Geschichte Alaskas beschäftigt und hatte alles gelesen, was in letzter Zeit in Jagdzeitschriften und Büchern über Alaska geschrieben worden war. Aber die Weidgenossen, die dort ihre Erlebnisse schilderten, hatten sich doch meist auf irgendwelche Guides oder Outfitter verlassen, die ihnen sagten, wo es lang ging. Genau das wollten wir aber nicht. Wir wollten uns in diesem unendlich weiten Land ganz allein behaupten, ohne vorbereitete Unterkünfte, ohne vorgezeichnete Wege, ohne bereits bestätigtes, für uns ausgesuchtes, angebundenes Wild. Wir wollten auch etwas Jack London spielen. Würde das in diesem Kreis möglich sein?

Auf der Polroute

Am 11. September 1975 um 10.15 Uhr startete die Douglas DC 10 auf dem Rhein-Main-Flughafen. Wir waren zunächst nur vier Jäger. Da die Maschine planmäßig in Hamburg zwischenlandete, sollte unser Hamburger Weidgenosse Dieter dort einsteigen. Nun hatte er uns allerdings mitgeteilt, er könnte den geplanten Termin nicht einhalten, er würde nachkommen. Wir versprachen ihm, in dem Motel in Anchorage, in dem wir übernachten wollten, eine Nachricht über unsere weitere Marschrichtung zu hinterlassen. Die Großzügigkeit unserer Organisation kannte keine Grenzen!

Das Zusammenfinden in der großen Halle des Frankfurter Flughafens war kein Problem. Die Gewehrkoffer und die großen Rucksäcke kennzeichneten uns als Jäger. Alle waren von ihren Angehörigen hierher gebracht worden. Es gab rührende Abschiedsszenen nach der Melodie „Junge, komm bald wieder". So aufregend hatte ich mir das eigentlich nicht vorgestellt! Beim Wiegen des Gepäcks war die Lufthansa ausgesprochen großzügig.

Nach der kurzen Zwischenlandung in Hamburg nahm die Maschine auf der Polroute Kurs auf Anchorage. Damals war dies die kürzeste Verbindung zwischen

Deutschland und Japan, weil das Hoheitsgebiet der Sowjetunion nicht überflogen werden durfte. Die Landung in Anchorage galt eigentlich nur dem Tanken. Abgesehen von einigen Jägern ist dort kaum jemand ein- oder ausgestiegen. Die meisten Fluggäste waren Japaner.

Wir hatten uns Fensterplätze reservieren lassen. Nun saß aber auf dem für Klemm reservierten Platz eine nette junge Japanerin. Klemm war zu sehr Kavalier, um sie von dort zu verdrängen. Er nahm den Platz neben ihr am Gang und hat sich gut mir ihr unterhalten. Beim Abschied in Anchorage schenkte sie ihm eine kleine Taschenlampe, die ihm im Busch gute Dienste geleistet hat. Als wir später einmal in unserem Zelt froren, sagte einer von uns zu Klemm: „Wärst Du doch bis Tokio in der DC 10 sitzen geblieben! Dann bräuchtest Du jetzt nicht zu frieren und die ‚Kirschblüte' wäre sicher nicht traurig gewesen!" Klemm verstand den Spaß.

Auf den Flug hatte ich mich sehr gefreut. Oft hatte ich vor dem Globus gestanden und mir ausgemalt, wie die Eisberge dort oben zwischen Grönland und dem Nordpol wohl aussehen würden. Es sollte – jedenfalls zunächst – eine Enttäuschung werden. Über der Deutschen Bucht und der Nordsee lagen dicke Wolken, die keinerlei Erdsicht gestatteten. Als die Wolken endlich aufrissen, konnten wir einen kurzen Blick auf die Westküste Norwegens werfen.

Wir packten unsere Ausrüstung auf den Steg, an dem die Beaver vertäut lag.

„Let us go!“ sagte Dean und schob den Gashebel nach vorne.

Die Westernstadt. Im Vordergrund der International Airport, dahinter – durch einen Doppelkanal verbunden – Lake Hood und Spenard.

Talkeetna Mountains. In dieser Höhe gibt es kaum noch Bewuchs, und kein Stück Wild war auszumachen.

Dann unter uns Wasser; das Europäische Nordmeer. Bald darauf die ersten Eisschollen, und schließlich nur noch schneebedecktes Eis. Wir schauten durch unsere starken Doppelgläser nach Eisbären aus; aber das waren natürlich vergebliche Versuche, da die Maschine in zehn oder elf Kilometern Höhe flog. Bald wurde auch das Eis wieder durch Wolken zugedeckt. Grönland und das gesamte Nordpolarmeer waren unter dicken Wolkenteppichen begraben. So hatten wir Zeit zum Unterhalten, zum Kennenlernen, zum Pläneschmieden. Wir träumten von Elchen, von Karibu, Schwarzbären und Bergziegen, von Wölfen, vom Vielfraß und von Fischen. Über allem aber stand der Traum vom Leben in der Wildnis, vom Sichbehaupten in der großen Freiheit.

Plötzlich, im letzten Viertel des Fluges, Berge voraus! Riesige, wild zerklüftete, mit Schnee und Eis bedeckte Berge. Die Brooks Range! Alaska! Ich hatte zunächst die Küste erwartet und die weite Tundra nördlich von diesem Gebirgszug, die Barrengrounds; denn die Maschine flog ja von Norden bzw. Nordosten her auf Alaska zu. War dort jetzt schon alles mit Schnee und Eis bedeckt, so daß die Küste nicht mehr zu erkennen war? Oder hatten uns die Wolken auch hier die Sicht verwehrt?

Als ich diese gewaltigen Berge, diese riesigen Gletscherflächen unter mir sah, mußte ich an Seward denken. Im Jahr 1867 hatte Seward, der damalige amerikanische Außenminister, dieses Land, das bis dahin russische Kolonie war, dem Zaren für 7,2 Millionen Dollar abgekauft. Viele Amerikaner haben damals William Seward böse beschimpft. Man sprach von hinausgeworfenem Geld, weil dort absolut nichts los war, wenn man von einigen wenigen Trappern absah, die sich dort herumtrieben. Man nannte das Land Sewards Eiskiste. Aber Seward war wohl einer der klügsten Amerikaner aller Zeiten, denn ohne dieses Geschäft hätte die Weltgeschichte sicher einen völlig anderen Lauf genommen.

Nun lag also Sewards Eiskiste unter mir. Ein riesiger, imponierender Eisklotz, bis in die Täler hinab nur Schnee und Eis! Wieder tauchte in mir die Frage auf, ob wir mit unserer kläglichen Ausrüstung dort nicht kalte Füße bekommen würden. Aber es verging kaum eine halbe Stunde, und die Welt unter uns sah schon wieder ganz anders aus. Dunkle Täler und mitten drin ein gewaltiger Fluß mit vielen Nebenarmen und Seen: der Yukon! Dann stieß die Maschine durch eine dünne, teils aufgerissene Wolkendecke. Ich merkte, daß der Pilot schon jetzt langsam Höhe aufgab. Und plötzlich, quer zur Flugrichtung, eine langgestreckte Bergkette: die Alaska Range. Hier waren nur noch die Gipfel mit weißen Schneekappen bedeckt. Steuerbord querab der Mount McKinley, mit 6.193 Metern der höchste Berg Nordamerikas. Den schneebedeckten Kopf hatte er in die Wolken gesteckt. Bei uns begann wieder das Pläneschmieden: Dort unten in diesem Tal, da müßte doch… da könnten wir doch…! Wir waren richtig high!

Anders unsere Maschine vom Typ DC 10. Sie verlor immer mehr an Höhe; plötzlich unter uns Wasser: der Cook Inlet! Hier hatte der große Captain Cook, ein Engländer, im Jahr 1778 die Nord-West-Passage gesucht. Als er die Sackgasse erkannte, ging er vor Anker. Anchorage heißt Ankerplatz. Allerdings war James Cook nicht der Entdecker von Alaska. Das hatte vor ihm, im Jahr 1741 Vitus Bering besorgt, ein dänischer Kapitän, der in russischen Diensten unterwegs war. Deshalb gehörte dieses so traumhaft schöne Land zunächst den Russen. Aber man ist dennoch auf Captain Cook stolz, und in Anchorage sind viele Dinge nach ihm benannt, so auch das größte Hotel.

Jetzt fuhr die DC 10 die Landeklappen und das Fahrwerk aus. Eine Linkskurve, die Stewardeß bat uns, die Gurte anzulegen, und schon hatten wir alaskanischen Boden unter den Rädern.

Die Abfertigung war kein Problem. Sicher, man ließ uns die Waffen auspacken, um für die Einfuhr die Waffennummern zu registrieren. Das war aber auch alles. Dann ein Taxi, und ab ging die Fahrt zum Motel „Barratt Best Western Inn“, das man uns empfohlen hatte, und wo wir ein Doppelzimmer bestellt hatten. Wir waren alle sehr müde. Um 10.15 Uhr waren wir in Frankfurt abgeflogen, um 10.50 Uhr in Anchorage gelandet. Die Zeitverschiebung beträgt elf Stunden. Während unseres Fluges hatte die Erde fast eine halbe Umdrehung um ihre Achse gemacht. Zu Hause war es jetzt etwa Mitternacht! Also erst einmal in die Betten. Die beiden, die in den zwei Betten des Zimmers keinen Platz fanden, legten sich daneben auf ihre Luftmatratzen.

Die Westernstadt

Nach kurzem Schlaf brachen wir dann am Nachmittag in die Stadt auf. Dort begannen die Vorbereitungen für die Jagd in der Wildnis und die Suche nach dem besten Weg dorthin. Mit der Stadt Anchorage haben wir uns nicht allzusehr beschäftigt; wir hatten dazu keine Zeit, uns lockte das große, unendlich weite Land Alaska! Natürlich sind wir einmal durch die wichtigsten Straßen im Zentrum gegangen. Auch in das Hotel Captain Cook haben wir reingeschaut. In sämtlichen Räumen des vornehmen Hauses ist hier die Geschichte des großen Entdeckers auf Bildern, Landkarten und in Szenen einzelner Ereignisse auf großen Wandgemälden dargestellt. Aber es hielt uns nicht lange; unser Stil paßte hier nicht.

Was heute, wenn ich nach 20 Jahren diese Zeilen schreibe, als Erinnerungen an die Stadt Anchorage in mir noch nachklingt, das sind eigentlich nur die folgenden Bilder:

Anchorage als typische Westernstadt. Am Tresen im Motel Barratt Best Western Inn rechts von mir ein Mann im blauen Monteuranzug, links einer im feierlichen schwarzen Anzug mit Krawatte. Wir kommen ins Gespräch. Dabei fehlt zwischen uns vom ersten Augenblick an der in Europa zunächst übliche Abstand; so, wie man bei uns zu Hause mit guten Freunden spricht, reden wir über alles, was uns interessiert. Wir verstehen uns sofort. In den Geschäften, den Gaststätten, bei den Behörden, überall stoßen wir auf große Freundlichkeit und Hilfsbereitschaft. Wir werden gefragt, woher wir kommen und wo wir jagen wollen. Oft wird dann erzählt: „Ach ja, in Deutschland, da habe ich Freunde..." Und dann bekommen wir gute Ratschläge für die Jagd. Alles ist hier viel persönlicher als bei uns zu Hause! Es ist eine große Familie, in die auch wir sofort und ohne jede Bedingung aufgenommen werden.

Das Zentrum der Stadt, herausgeputzt mit modernsten Bauwerken, repräsentiert die Großstadt. Ab und zu ein völlig betrunkener Indianer auf dem Bürgersteig. Das gehört einfach dazu und stört keinen. Abgesehen von diesem doch sehr kompakten Zentrum besteht die Stadt fast nur aus kleinen, ein- oder zweistöckigen Häuschen, meist in Holzbauweise. Dazwischen Sand- oder Schotterwege ohne Bürgersteige. Nach hundert Metern Fußweg sind Schuhe und Hose total verstaubt; aber man geht ja nicht zu Fuß, man hat ja das Auto.

Diese vielen kleinen Häuser stehen meist in für unsere Verhältnisse beachtlich großen Grundstücken. Dadurch hatte Anchorage schon damals, im Jahr 1975, mit etwa 140.000 Einwohnern eine riesige Ausdehnung. Ich empfand die Stadt als häßlich. Alle Straßen verlaufen rechtwinklig zueinander. Nichts ist organisch gewachsen.

Die Stadt wurde mit fast unvorstellbarer Geschwindigkeit aufgebaut. Noch am Anfang der dreißiger Jahre gab es hier nur einige Hütten und Zelte. 1940 waren es dann schon 3.500 Einwohner, 1950 ca. 11.000 und im Jahr 1960 wurde die Zahl von 44.000 Einwohnern erreicht. Am Karfreitag des Jahres 1964 wurde Anchorage von einem Erdbeben weitgehend zerstört. Kein Wunder, daß viele Einwohner jetzt kleine Häuser in Holzbauweise vorziehen, zumal sich die Erdbeben in weiten Teilen Alaskas ständig wiederholen.

Das rasende Anwachsen der Stadt ist hauptsächlich auf zwei Dinge zurückzuführen: auf den kalten Krieg zwischen Ost und West und auf die Erschließung der großen Erdölfunde nördlich der Brooks Range. Die Spannungen zwischen den USA und der Sowjetunion haben in Alaska zum Aufbau von vielen militärischen Einrichtungen wie Radarstationen, Flugplätzen und Kasernen geführt. Das Zentrum dieser Anlagen ist Anchorage. Die Errichtung der Bohrtürme oben am Eismeer und der Bau der 1.300 km langen Pipeline von Prudhoe Bay nach Valdic haben ein Heer von Ingenieuren, Spezialisten und Arbeitern ins Land gebracht. Auch hier ist Anchorage wieder Zentrum des Unternehmens.

Die Stadt Anchorage hat – ganz im Gegensatz zu ihren Einwohnern – auf mich, den Europäer, nicht den besten Eindruck gemacht. Aber man sagt, daß Anchorage nicht Alaska sei, das aber sei nur 20 Minuten entfernt! Genau so sahen wir es auch!

Der Weg in die Wildnis

Die Nacht verbrachten wir in unserem Doppelzimmer im Motel. Wir wollten sparen, und das Zimmer kostete 37,32 Dollar, was bei einem Kurs von 1 zu 2,6 immerhin 97 Mark sind. In Deutschland wäre es wohl kaum möglich gewesen, zu viert in einem Doppelzimmer zu übernachten. Dort, in Anchorage, hat niemand Anstoß genommen an den vier Jägern, die sich mit Gepäck und Waffen in ein Zimmer pferchten.

Am nächsten Tag gingen wir dann zunächst auf die Suche nach einem für unsere Zwecke geeigneten Buschpiloten. Unmittelbar neben dem International Airport gibt es zwei Seen: Lake Hood und Lake Spenard. Sie sind durch einen Doppelkanal miteinander verbunden. Auf diesen Seen und an ihren Ufern liegen unzählige Wasserflugzeuge. Alaska ist ein riesiges Land, und nur ganz wenige Gebiete sind durch Straßen erschlossen. Darüber hinaus gibt es als Beförderungsmittel praktisch nur das Flugzeug oder – im Winter – den Motorschlitten, der den von Huskys gezogenen Schlitten abgelöst hat. Da das Land mehr als 3.000 Flüsse und unendlich viele Seen hat, bietet sich in erster Linie das Wasserflugzeug als Beförderungsmittel an. Im Winter ersetzt man die Schwimmer durch Schneekufen und landet auf den zugeschneiten Eisflächen. Aber auch mit Rädern bestückte Flugzeuge stehen hier herum. Sie benutzen eine kleine Startbahn an der Nordseite der beiden Seen. Oft rollen sie auch auf den eigentlich für Autos bestimmten Straßen zum International Airport. Hier sah ich zum ersten Mal in meinem Leben das Verkehrsschild „Flugzeuge haben Vorfahrt".

An den Ufern der beiden Seen, insbesondere am Lake Hood, befinden sich auch die Büros vieler Outfitter und Buschpiloten, die auf Kundschaft warten. Wir besuchten einige von ihnen, ließen uns sagen, wo sie jagen wollten, was es kosten sollte und gingen wieder. Hier haben wir viel gelernt. Einer dieser Outfitter, der Besitzer eines etwas größeren Unternehmens, machte einen sehr guten Eindruck auf uns. Hier standen mehrere, auch zweimotorige Flugzeuge zur Verfügung, und der Inhaber konnte in vielen Gegenden Alaskas Jagdhütten oder Unterkünfte (Lodges) nachweisen. In seinem Büro hingen unglaublich starke Trophäen aller Wildarten. Eine reizende junge Dame aus Wien, ich glaube es war seine Nichte, schenkte uns Kaffee ein; es wurde deutsch gesprochen. Ich bin später wieder zu diesem Outfitter gegangen und habe gemeinsam mit seinem Sohn am Lake Clark gejagt.

Zu dem Zeitpunkt war aber auch er uns zu teuer, und sein Angebot entsprach nicht unseren Plänen. Wir suchten weiter und entdeckten an der Südwest-Ecke des Lake Hood einen Buschpiloten, der sein Geschäft offenbar gerade erst eröffnet hatte. Am Ufer hatte er ein winziges Holzhäuschen aufgestellt, dessen Anstrich noch nicht ganz trocken war. Im Wasser, an einer kleinen schwimmenden Plattform vertäut, schaukelte eine Beaver, ein einmotoriges Wasserflugzeug mit einem bulligen Sternmotor. Vor der Hütte und dem Flugzeug hatte er ein Plakat errichtet mit der Aufschrift Alaska Travel Air – Hunting, Charter, Fishing. Der Inhaber hieß Dean Carrell. Er wollte uns für den Flug in die Wildnis einen günstigen Preis machen und uns auch noch ein Zelt, einen Spirituskocher mit Kochtopf und Bratpfanne, eine Axt und zwei Paar hüfthohe Gummistiefel leihen.

Stolz erzählte er, die Beaver hätte er von der US-Airforce gekauft. Sie sei nach dem zweiten Weltkrieg in Deutschland geflogen, in Mannheim! Damals hätte sie aber noch Räder gehabt. Jetzt hatte er sie auf Floats (Schwimmer) gesetzt. Die Schwimmer waren noch ganz neu, die Beaver offensichtlich nicht mehr.

Mit Dean trafen wir eine Verabredung. Er sollte uns in die Wildnis fliegen, nach etwa zwei Wochen nach uns schauen und uns nach etwa vier Wochen wieder abholen. Ich weiß den Preis, den wir zahlen mußten, heute nicht mehr. Im Verhältnis zu dem, was man bei einem Outfitter gezahlt hätte (und erst recht heute zahlen würde), war es glatt geschenkt. Wohin es gehen sollte, war zunächst noch unklar. Wir vereinbarten den Start für den kommenden Tag und fuhren dann mit dem Personenwagen, den wir gemietet hatten, in die Stadt.

Dieser Leihwagen hatte eine merkwürdige Eigenschaft: Der Anlasser funktionierte nicht! Wir mußten ihn immer, wenn wir ihn abgestellt hatten, durch Anschieben wieder starten. Als wir ihn dann abends der Verleihfirma zurückgaben, wurden wir aufgeklärt: Der Anlasser bekommt nur dann Strom, wenn alle vier Anschnallgurte eingeklinkt sind! Ob man auf diesem Weg die Menschen zum Anschnallen erziehen kann?

In Anchorage suchten wir ein Geschäft auf, dessen aus Österreich stammender Inhaber ein bekannter Outfitter und Jagdausrüster ist: die Firma Eberhard Brunner. Hier bekamen wir alles, was wir nach den gesetzlichen Vorschriften zum Jagen brauchten. Der Jagdschein kostete 20 Dollar. Ob irgendeine jägerische Vorbildung vorhanden war, interessierte nicht. Auch nach einer Jagdhaftpflichtversicherung wurde nicht gefragt. Wir hatten diese aber in Deutschland abgeschlossen. Die folgenden Lizenzen habe ich gekauft:

1 Schwarzbär 75 Dollar
1 Elch 100 Dollar
2 Karibu je 50 Dollar
1 Wolf 50 Dollar
1 Wolverine (Vielfraß) 25 Dollar
1 Schneeziege 75 Dollar

Die Schneeziege war eine Fehlinvestition, denn bis in Höhen, in denen Ziegen stehen, sind wir nicht hinaufgekommen.

Zu jeder erworbenen Lizenz wurde uns ein „Tag" ausgehändigt. Das ist ein Blechstreifen mit dem Namen des Wildes und einer Nummer. Dieser Blechstreifen muß an dem erlegten Wild angebracht werde. Fehlt er bei der Rückkehr von der Jagd, wird das Wild beschlagnahmt. Wie gesagt, für einen Dollar mußten wir damals 2,60 DM zahlen. Trotzdem sind die vorstehenden Preise im Vergleich zu dem, was heute verlangt wird, spottbillig.

Mit den Lizenzen wurde uns ein kleines Buch „Alaska Hunting Regulations" und eine ebenfalls kleine Karte „Alaska Game Management Units" überreicht. Auf der Karte ist Alaska in 26 Bezirke (Units) unterteilt. In dem Büchlein ist – neben grundsätzlichen Bestimmungen für die Jagd in Alaska – angegeben, wann die einzelnen Wildarten in den jeweiligen Units bejagt werden dürfen. Nach eingehendem Studium und nach Beratung durch den genannten Jagdausrüster entschlossen wir uns, die ersten zwei Wochen in der Unit 13, das heißt, in den Talkeetna Mountains zu jagen.

Und noch etwas kauften wir in diesem Geschäft: Packboards. Das sind Gestelle aus Aluminium, die mit breiten Schultergurten auf dem Rücken getragen werden, nachdem man die Last mit entsprechenden Gurten oder Riemen auf ihnen befestigt hat. Für den Transport von Wildbret sind sie unentbehrlich. Anschließend suchten wir noch weitere Geschäfte auf, in denen alles Mögliche und Unmögliche angeschafft wurde. Ohne jede Planung nahm jeder das, was ihm gerade einfiel. Nur Fleisch hat keiner gekauft. Wir wollten von dem erbeuteten Wildbret leben. Außerdem hatten wir vereinbart, keinen Alkohol mitzunehmen. Die Anregung kam von Klemm. Er meinte, bei schwierigen Situationen oder bei Meinungsverschiedenheiten in der Wildnis sei Alkohol kein Vorteil. Alle waren einverstanden.

Am nächsten Tag, es war der 13. September, fuhren wir mit einem Taxi zu Dean Carrells „Büro" am Lake Hood. Das Taxi mußte zweimal fahren, weil wir so viel Gepäck hatten; aber das war kein Problem, da das Motel in der Nähe des Lake Spenard und damit nicht weit von unserem Ziel lag. Dean erwartete uns schon, seine Frau saß am Schreibtisch. Sie begrüßten uns herzlich. Von seinen beiden Buben war der ältere, er mochte etwa 14 Jahre alt sein, damit beschäftigt, das Flugzeug zu warten. Wir packten unsere gesamte Ausrüstung auf den Steg, an dem die Beaver vertäut lag. Als Dean den großen Gepäckhaufen sah, baute er die hinteren Sitze aus, und dann wurde eingeladen: Kartons, Rucksäcke, das Zelt, der Spirituskocher, Stiefel, Angelgeräte, die Waffen und dann, bzw. auch zwischendrin, die Jäger. Alles schön durcheinander.

Ich durfte vorne neben Dean sitzen, da ich englisch sprach. Beim Einsteigen schaute ich noch nach unten und bemerkte, daß die Schwimmer sehr tief im Wasser lagen. Mehr hätten wir nicht laden dürfen! Da ich während des Krieges als Flugzeugführer eingesetzt war und auch nach dem Krieg wieder geflogen bin, interessierten mich natürlich die Instrumente und auch die Bedienungshebel. Die drei Hebel da vorne zwischen Dean und mir, das waren also Gashebel, Gemischregulierung und Propellerverstellung – wie gehabt.

Auf dem See war gerade nicht viel los. Nach dem Anlassen zog Dean die Maschine etwas nach links, drehte dann in Richtung auf den Doppelkanal und schob Vollgas rein. Der bärenstarke Sternmotor zog die Beaver trotz der hohen Beladung erstaunlich schnell aus dem Wasser, und sofort ging Dean auf Nordkurs.

Es war ein traumhaft schöner, sonniger Herbsttag, kein Wölkchen am Himmel. Rechts von uns die Stadt Anchorage, dahinter die weißen Spitzen der Chugach Mountains. Unter uns das blaue Wasser des Knik Arm, einer Seitenbucht des Cook Inlet, an welcher der eigentliche Hafen von Anchorage liegt. Linker Hand der Susitna River, der hier aus Richtung Norden kommend mit zahlreichen Nebenflüssen ein riesiges Sumpfgebiet bildet, bevor er in den Cook Inlet mündet.

Dann am Horizont voraus schneeweiße Berge: die Talkeetna Mountains! Die Spitzen dieses Bergmassivs erreichen eine Höhe von maximal 2.697 Metern. Sie liegen in einer Entfernung von rund 140 Kilometern nord-nord-östlich von Anchorage. Im Geschäft des Jagdausrüsters hatte ich mir eine Karte im Maßstab 1:250.000 gekauft, und so war es für einen alten Flieger wie mich keine Kunst, mitzufranzen.

Vergeblich suchte ich mit dem Glas in den Wäldern, die wir überflogen, nach Wild. Nichts, jedenfalls nicht aus dieser Perspektive. Dann stieg das Gelände an; der Wald wurde von offenem, hügligem Land mit Buschwerk abgelöst, die Berge kamen immer näher.

Während der ganzen Zeit hatte Dean die Beaver steigen lassen. Am Westrand des hohen Massivs überflogen wir in etwa l.800 Metern Höhe den Sheep River, dann den Iron Creek. Voraus jetzt der tief eingeschnittene Talkeetna River. Rechts von uns strahlend weiße Gletscher! Wir überquerten Täler, in denen die Farben so klar und die Luft so makellos rein waren, wie ich es in Europa seit dem Verlust meiner Heimat Ostpommern nicht mehr gesehen habe. Dean überflog einige tief verschneite Kämme und Gipfel so knapp, daß wir befürchteten, er würde mit den Schwimmern Spuren im Schnee hinterlassen.

Wir überquerten Täler, in denen die Luft und die Farben makellos klar und rein waren.

Sehr tief flog Dean über die weißen Gipfel.

Im Norden die weiß überzogenen Berge der Alaska Range.

Das von der Kunststoffplane überdachte Regal war unsere „Küche".

Ein gewaltiger weißer Block – der Mount McKinley.

Hier, in diesem Tal, sahen wir das starke Elchrudel.

Weit brauchten wir nicht zu suchen. Der Elch hatte eine Kugel auf dem Blatt.

Beim Transport des Wildbrets ins Camp packten alle mit an.

Immer wieder suchte ich die Täler unter uns ab. In dieser Höhe gibt es kaum noch Bewuchs und kein Stück Wild war zu erkennen. Links voraus das tiefe, breite Tal des Susitna River, etwa 1.200 Meter unter unserer Maschine. Dort war alles grün, bewaldet, vermutlich sumpfig. Dort müßte man nach Elchen Ausschau halten. Ich sagte es dem Piloten; nein, ich brüllte es ihm ins Ohr, denn der Krach, den die Beaver, machte, war beachtlich. Dean reagierte sofort. Er nahm den Gashebel zurück, drückte den Steuerknüppel nach vorne links, und die Maschine segelte im Gleitflug dem Susitna entgegen.

Es wurde ruhig in der Beaver, weil der Motor beim Gleitflug nichts zu tun hat. Der Propeller drehte müde im Leerlauf oder im Wind. Langsam aber ständig verloren wir an Höhe. Als wir unten waren, in etwa 200 Meter Höhe über Grund, wollte Dean dann wieder Gas geben; aber der Motor reagierte nicht. Vermutlich war es ihm zu kalt geworden! Ich schaute Dean an. Er schien zuerst sprachlos zu sein. Dann schob er die drei Hebel da vorne zwischen uns planlos vor und zurück; er hatte Panik! Mir wurde klar, daß dies das Ende unserer Reise war. Mit der überladenen Maschine dort in die Büsche, Bäume, in den Sumpf krachen, das konnte nicht gut gehen!

Kurz vor dem Crash fing der Motor an zu husten. Erst ein Zylinder, dann zwei, vielleicht drei. Dabei schüttelte und knallte er fürchterlich. Die ganze Maschine bebte und wackelte. Aber dann, im wirklich allerletzten Moment, packte der brave Sternmotor wieder an und zog uns auf eine zumutbare Höhe.

Irgendwo hörte ich ein Röhren. Dean zog aus einem Seitenfach eine schwarze Plastiktüte und warf sie nach hinten. Als ich der Tüte nachschaute, sah ich das Chaos: Manfred war schlecht geworden, Siegfried machte mit. Sie kotzten sich gegenseitig an. Dean steuerte den nächstbesten See an; dort ging er sofort an das erstbeste Ufer. Die beiden legten sich erst einmal ins Gras; sie waren völlig fertig! Auch Dean war blaß im Gesicht. Klemm und ich luden die Maschine aus. Hierbei rutschte Klemms beste Kamera durch seine glitschig gewordenen Finger und tauchte wie ein U-Boot im See unter.

Dean sagte: „In etwa 14 Tagen schaue ich nach euch“ und dann noch „Good luck“, was wohl „Weidmannsheil“ heißen sollte. Der Motor der Beaver heulte auf, Dean startete und verschwand sehr bald am Horizont.

Jagd in den Talkeetnas

Da standen wir nun; nein, einer lag noch. Uns allen steckte der Schreck des Beinahe-Absturzes tief in den Knochen. Um uns herum ein wilder Haufen Gepäck, Ausrüstungsgegenstände, Verpflegung, Waffen, Angelgeräte. Bald fingen wir an zu begreifen, daß wir jetzt wirklich in Alaska, in der großen Freiheit waren. Von hier gab es zunächst keine Verbindung mehr zu dem, was wir Zivilisation nennen. Keine Straße, keine Bahn, kein Telefon, keine Funkverbindung – und damit auch keine Hilfe im Notfall. Das war es, wovon wir geträumt hatten – frei sein, raus aus dieser Enge, in die wir Menschen uns immer wieder einschnüren!

Oft bin ich gefragt worden, warum wir uns nicht mit einem Funkgerät für den Notfall ausgerüstet haben. Nun, damals befand sich Amerika noch im kalten Krieg, und Alaska, der neunundvierzigste und auch der größte Staat der USA war Front, denn jenseits der Beringstraße stand der Feind, die Sowjetunion. In Anchorage lag der Schwerpunkt der US-Streitmacht in diesem Raum. So durften wir – als Nonresidents – kein privates Funkgerät mit uns führen.

Mit Begeisterung stürzten wir uns auf die jetzt zu bewältigenden Aufgaben. Zunächst einmal das Zelt aufbauen, das Dean uns geliehen hatte! Aber wo? Wir stellten fest, daß gleich hinter unserer Landestelle ein größerer Sumpf lag. Es hätte keinen Sinn gehabt, unseren Lagerplatz hier zwischen See und Sumpfgebiet einzuklemmen; der tägliche Anmarschweg in das Jagdgebiet wäre dadurch unnötig verlängert worden. Nach längerem Suchen fanden wir einen für das Zelt geeigneten Platz; aber der Weg dorthin war weit und führte teilweise durch tiefen Morast. So begann eine gewaltige Schlepperei. Auf diesem Weg hatte ich einmal einen großen Karton Kartoffeln auf dem Rükken. Plötzlich platzte der Karton, und ich durfte zunächst im Matsch Kartoffeln sammeln. So hatte ich mir den Beginn meiner Jagd in Alaska eigentlich nicht vorgestellt!

Schließlich stand das Zelt. Der kleine Platz, etwa 20 Meter vom See entfernt, war umgeben von Sitkafichten, durchsetzt mit oft verbuschten Hemlocks, Weiden- und Erlenbüschen. Dazwischen immer wieder kleine Freiflächen, meist gepflastert mit Niggerheads. Das sind runde, etwa 30 bis 50 Zentimeter hohe Buckel, die das Gehen ungemein erschweren. Auf diesen Niggerheads, aber auch im ebenen Gelände, wuchsen Blaubeeren. Reife, süße Blaubeeren in einer Dichte, daß man oft nur mit der gefächerten Hand durchzufahren brauchte, um den Mund voll dieser köstlichen Früchte stopfen zu können. Da wir diese Buckel bei trockenem Wetter auch als Sitzgelegenheit verwendeten, hatten wir alle bald blaue Hinterteile.

Über das Zelt wurde noch eine große Plastikplane gezogen, die einer von uns im Supermarkt gekauft hatte. Diese Plane überdachte auch ein Regal, das wir aus Rundhölzern zusammengenagelt und neben dem Zelt aufgestellt hatten. Das war unsere Küche.

Das Zelt langte gerade zum Schlafen, und wir lagen Schulter an Schulter. Zwischendrin das eine oder andere Gewehr, falls doch einmal ein Petz hereinschauen sollte. Siegfried, der ein passionierter Bergsteiger ist, hatte noch ein kleines Einmannzelt dabei. Darin brachten wir den Proviant unter. Unsere privaten Dinge, Wäsche und Bekleidung, wurden in irgendeine Ecke gestopft; die Schuhe mußten wegen Platzmangels vor dem Zelt stehen. Als es dann in einer Nacht überraschend stark regnete, waren die Stiefel teilweise mit Wasser gefüllt. Aus unser heimatlichen Perspektive gesehen war es ein mittleres Chaos!

Jetzt brannte vor dem Zelt erst einmal ein großes Feuer. Die Kameraden waren dabei, aus den mitgebrachten Lebensmitteln eine Mahlzeit zu fertigen. Mir war das weniger recht, denn der von dem nassen Holz erzeugte Rauch und auch der Lärm, den wir machten, mußten mit Sicherheit jedes Wild, das hier in der Umgebung vielleicht stand, vergrämen. Ich sprach Klemm deswegen an. Aber Klemm, der ja schon mehrfach im Busch gewesen war, sagte: „Das mußt Du verstehen! Das Erlebnis, jetzt Draußen zu sein, muß erst einmal gebührend ausgekostet werden“. Ich verstand und machte mit.

Die Abendpirsch, die wir an diesem Tag noch in die nähere Umgebung unternahmen, blieb ohne jeden Anblick. Aus Sicherheitsgründen hatten wir uns vorgenommen, immer nur zu zweit zu pirschen. Ein Heft wurde aufgelegt, in dem sich eine Gruppe mit Zielangabe eintragen mußte, wenn sie in Abwesenheit der anderen Gruppe abmarschierte. Solche Vorsichtsmaßnahmen haben wir später, als wir die große Freiheit wirklich begriffen hatten, glatt vergessen.

An diesem Tag nahm ich mir noch die Zeit, mich eingehend mit meiner Karte zu beschäftigen. Eine Marotte, die vermutlich mit meiner früheren Tätigkeit als Flugzeugführer zusammenhing: Ich mußte immer wissen, wo ich war! Die Kameraden kümmerten sich weniger darum. Sie verließen sich darauf, daß Dean uns wieder abholen würde. Den Flugplatz in Anchorage wird man dann schon finden, und die Lufthansa bringt uns nach Hause!

Der See, an dem wir das Zelt aufgebaut hatten, ist etwa 1.800 Meter lang und 300 Meter breit und liegt in den nördlichen Ausläufern der Talkeetna Mountains. Höhe über dem Meeresspiegel beträgt 693 Meter. Er ist der östlichste einer Gruppe von fünf Seen, die in der Karte mit Fog Lakes bezeichnet sind. Bevor man an den Fuß der mit weißem Schnee bedeckten hohen Berge kam, mußte südlich von unserem Lagerplatz noch ein langgestreckter Höhenrücken überwunden werden. Er hatte eine Höhe von etwa 960 Metern über dem Meeresspiegel. Dieser Höhenrükken, hinter dem sich nochmals ein weites Tal erstreckte, war in den nächsten Tagen oft Ziel oder Ausgangspunkt unserer Aktionen.

Am nächsten Morgen war ich gemeinsam mit Siegfried unterwegs. Zunächst wollten wir den genannten Höhenrücken südlich vom Camp ersteigen. Noch in der Dunkelheit marschierten wir ab. Es gab eine fürchterliche Stolperei über die Niggerheads, doch etwas weiter oben wurde der Boden ebener, die Sitkafichten lichter, und zwischen den Erlenbüschen gab es mehr und mehr freie Flächen. Gerade mit Sonnenaufgang erreichten wir den Bergrücken. Wieder brach ein wolkenloser, klarer und sonniger Tag an.

Wir kamen aus dem Staunen nicht mehr heraus. Vor uns im Süden stiegen die Hänge der Talkeetnas steil an, etwas links davon im Südosten die weißen Spitzen der Chugach Mountains und nochmals links davon, fast östlich von uns, gerade noch erkennbar, die Wrangell Mountains.

Das alles in einer unglaublich klaren, durch nichts getrübten Luft, die eine schier unbegrenzte Sicht erlaubte! Als wir uns umdrehten, grüßten von Norden her die ebenfalls weiß überzogenen Berge der Alaska

Range, unter ihnen ein gewaltiger weißer Block, der Mount McKinley. Zwischen der Alaska Range und unserem See erkannten wir den Susitna River, der hier von Osten nach Westen verläuft, um dann nach seinem Durchbruch im Devils Canyon fast im rechten Winkel nach Süden in Richtung Cook Inlet abzubiegen.

Ich weiß nicht, wie lange wir in ehrfurchtsvollem Staunen standen. Wie phantastisch schön ist doch diese Welt! Mir wurde klar, daß sich die Reise, die damit verbundenen Risiken und die Kosten jetzt schon gelohnt hatten. Das Erleben dieser unberührten Natur, die Möglichkeit, hier jagen zu können „so weit die braune Heide reicht", das allein rechtfertigte den Einsatz voll! Ob wir dabei auch noch jagdliche Erfolge haben würden, das war absolut zweitrangig!

Der Blick in das vor uns liegende Tal war zunächst von Weiden- und Erlensträuchern verdeckt. Wir erkletterten einen Felsen, um freie Sicht dorthin zu bekommen. Mitten durch das Tal fließt von Ost nach West ein kleiner Fluß, der Fog Creek. Das Gelände ist zur Hälfte mit Weiden- und Erlensträuchern bewachsen; dazwischen immer wieder einzelne Sitkafichten und Hemlocks. Flußaufwärts dann eine etwas freiere Fläche, offenbar ein Moor, und dort – ich traue meinen Augen nicht – dort steht plötzlich ein Rudel Elche! Es mögen zwölf oder vierzehn Stück sein, darunter mindestens vier starke Schaufler!

Uns packt das Jagdfieber! Sollen wir hier schon am ersten Tag unserer Jagd eine Chance haben? Kurze Planung; der Wind kann nicht ungünstiger sein, denn er bläst direkt von uns in Richtung auf das Elchwild. Also umschlagen! Wir müssen durch das Tal, den Fluß überqueren und dann von der anderen Seite das Wild angehen! Wir rennen los, so schnell wir können. Unten im Tal dann schwieriges Gelände. Morast, Sumpf mit eingestreuten Niggerheads. Wir versuchen, von Buckel zu Buckel zu springen, was dadurch sehr erschwert wird, daß diese verschieden hoch und mit dickem Moos bewachsen sind. Tritt man daneben oder rutscht man ab, so füllt man sich zumindest die Stiefel voll. Da Siegfried ein sportlich durchtrainierter Mann ist und dazu noch 25 Jahre jünger als ich, kann ich sein Tempo kaum mithalten. Schließlich erreichen wir den Fluß. Wir suchen eine flache Stelle. Schnell Stiefel und Hosen ausgezogen und durch! Am anderen Ufer wieder angezogen und weiter. Das kostet Zeit! Als wir dann auf der anderen Seite etwas Höhe gewonnen haben und das Tal ableuchten können, ist die Bühne leer. Weit entfernt sehen wir noch einige Stücke Elchwild mit raumgreifendem Schritt nach Osten abziehen.

Eine Enttäuschung für uns? Nein, ein phantastisches Erlebnis! Als wir länger darüber nachdenken, kommen wir auch zu dem Ergebnis, daß es so wohl besser ist. Wir sind laut Gesetz verpflichtet, das gesamte Wildbret zu bergen. Wäre das überhaupt möglich gewesen? Die Stelle, an der die Elche standen, mag zwei oder drei Stunden Fußmarsch von unserem Camp entfernt sein. Dazu noch einen Fluß und schwieriges Gelände durchqueren. Sicher, die Kameraden hätten uns geholfen; aber konnten wir ihnen das überhaupt zumuten? Wie lange hätten wir gebraucht, um 400 oder mehr Kilogramm verwertbares Wildbret über diese Entfernung auf dem Rücken zu transportieren? So kommen wir plötzlich zu der Erkenntnis, daß unserem Jagdrevier doch engere Grenzen gezogen sind, als wir gedacht haben – soweit es um Elch oder Karibu geht!

Aber diese Einsicht kann unsere Freude an der Jagd nicht im geringsten mindern. Wir wollen zunächst einmal durch dieses herrliche Land, durch diese unendliche Freiheit pirschen, mehr nicht. Beim Pirschen aber, da gibt es keine Grenzen! Und wenn wir ohne Trophäen nach Hause fahren, uns ist's egal, wir haben Alaska kennengelernt, den Traum aller Jäger!

Die Tage vergingen wie im Fluge. Zuerst pirschten wir aus Sicherheitsgründen stets zu zweit, dann immer öfter allein. In Alaska steht sehr viel Wild; aber Alaska ist unendlich groß. Bei einer Fläche von über 1,5 Millionen Quadratkilometern beträgt die Ausdehnung von Ost nach West ca. 3.200, von Nord nach Süd etwa 2.000 Kilometer. Da verteilt sich das Wild! Die Entfernung zum nächsten Elchrudel kann schnell 100 Kilometer betragen! Pirscht man allein, sind die

Chancen, Anblick zu haben und vielleicht sogar zum Schuß zu kommen praktisch verdoppelt! Verglichen mit unserer Jägerei hier in Deutschland haben wir in den Talkeetnas wenig Anblick gehabt, und doch waren die Pirschgänge immer wieder faszinierend, aufregend und voller Spannung!

Am nächsten Tag, es war der 15. September, war ich allein unterwegs. Ich wollte am Ufer unseres Sees nach Westen pirschen, in Richtung auf die weiteren vier Fog Lakes. Woher ich das heute, nach 20 Jahren, noch weiß? Es waren Tage, die man ein Leben lang nicht vergißt! Auch hatte ich einen kleinen Taschenkalender dabei, in den ich jeden Abend ein paar Stichworte kritzelte. Außerdem habe ich bei fast jedem Pirschgang Fotos gemacht. Wenn ich diesen Taschenkalender aufschlage und mir dazu die Dias anschaue, dann steht noch heute jeder einzelne Tag in Alaska glasklar vor mir!

Das Gelände in dieser Richtung ist ziemlich dicht mit Sitkafichten und Hemlocks bestanden. Ich hatte die Waffe von der Schulter genommen, weil ich mir einbildete, auf den eingestreuten Lichtungen könnte vielleicht plötzlich ein Elch vor mir stehen. Das war sicher eine Fehlkalkulation, denn der Elch hat – wie ich inzwischen gelernt habe – ein sehr ausgeprägtes Wahrnehmungsvermögen, und bevor man ihn in so dichtem Bewuchs sieht, ist er längst lautlos wie ein Spuk verschwunden.

Etwa eine Stunde war ich gepirscht, als der Bewuchs lichter wurde; und plötzlich hörte er ganz auf. Ich stand an einer sehr großen freien Ebene, wohl ein Moor, das unseren See mit den übrigen Fog Lakes verbindet. Als ich die weiten Flächen mit dem Glas ableuchtete, sah ich im Nordwesten, weit entfernt, zwei Karibubullen. Der Versuch, das Wild anzusprechen, scheiterte an der großen Entfernung und wohl auch an der Tatsache, daß ich Karibu bisher nur auf Bildern gesehen hatte. Im Vergleich mit unserem Rotwild hatten sie beachtliche Stangen auf den Häuptern. Die beiden Karibu zogen mit gleichmäßig hohem Tempo in Richtung Süden. Dort lag der nächste Fog Lake, dort mußte ich hin, wenn ich eine Chance haben wollte. Ich rannte, was die Lungen hergaben, so weit man bei diesem Gelände von Rennen sprechen kann. Wieder mußte ich durch einen Creek mit Waffe, Stiefeln und Kleidern über dem Kopf. Schließlich hatte ich die Stelle erreicht, an der die Bullen – wie ich glaubte – vorbeikommen mußten. Sie kamen nicht. Vermutlich hatten sie nach Westen abgedreht.

Am 16. September pirschte ich wieder allein. Wieder ging ich auf den Höhenrücken südlich vom Camp, weil man von dort immer den besten Überblick hatte. Beim Ableuchten des Tals sah ich am Fog Creek zwei Elchkühe stehen. Sie ästen. Hinter ihnen das an dieser Stelle im Bogen verlaufende, tief eingeschnittene Flußbett. Ich hielt es für möglich, daß am Fluß, für mich nicht sichtbar, weitere Elche, vielleicht sogar Geweihte stehen könnten. Der Wind stand günstig. Vorsichtig pirschte und robbte ich mich an. Bis auf etwa 70 Gänge kam ich unbemerkt an das Wild. Hier legte ich mich hinter einen Hemlockbusch, schaffte mir eine brauchbare Auflage und beobachtete.

Zweieinhalb Stunden lag ich so, bis die Elchkühe ganz gemächlich abzogen. Sie waren allein! Die Spannung und das Herzklopfen, das Beobachten des urigen Wildes in diesen zweieinhalb Stunden sind Höhepunkte in meinem Jägerleben!

Als ich am frühen Nachmittag ins Camp zurückkam, wasserte eine Piper-Cub auf dem See. Die Piper-Cub ist ein kleiner, zweisitziger Hochdecker mit Reihenmotor, der im Norden Amerikas oft für Jagd- und Fischereizwecke verwendet wird. Die Maschine legte am Ostufer des Sees an. Konkurrenz? Vermutlich, aber keine ernsthafte Störung für uns. Einem der beiden Hunter bin ich mal im dichten Unterholz begegnet. Freundliche Begrüßung: „How are you?" Und dann haben wir fast nur noch über Waffen geredet. Er führte eine Büchse im Kaliber .270 Winchester und behauptete, diese Patrone sei für die Elchjagd besser geeignet als meine .300 Weatherby Magnum! Die beiden Jäger waren an Trophäen nicht interessiert. Sie wollten nur ihre Gefriertruhe füllen. Meat-Hunter werden sie genannt.

Am nächsten Tag pirschte ich gemeinsam mit Klemm. Wir hatten aber keinen Anblick. Auch Siegfried und Manfred sahen kein Wild. Doch abends, als wir in der Nähe des Camps am Ufer standen, entdeckten wir drüben am Nordufer plötzlich mehrere Karibu. Das große Beraten ging los. Was tun? Es war zum Schießen zu weit. Auch meine starke Patrone hätte das nicht geschafft. Die Entfernung betrug mindestens 300 Meter. Außerdem wäre es kaum möglich gewesen, Trophäe und Wildbret zu bergen, obgleich Siegfried und Manfred bereits Pläne für den Bau eines Floßes schmiedeten.

An einem der nächsten Tage packte Siegfried sein Einmannzelt und etwas Proviant zusammen und zog allein los. Diesem harten Wanderer und Bergsteiger war unsere große Freiheit noch nicht groß genug. Er wollte die Wildnis einmal ganz allein genießen. Jagdlich war das sicher kein Vorteil, denn auf Elch und Karibu hatte er dabei keine Chancen, weil ein Bergen des Wildbrets wohl nicht möglich gewesen wäre. Nach zweieinhalb Tagen kam Siegfried wieder, ohne Anblick gehabt zu haben.

Unser Leben im Camp pendelte sich langsam ein. Jeder ging und kam, wann er wollte. Wer Hunger hatte, machte sich irgendein warmes oder kaltes Gericht von den mitgebrachten Lebensmitteln. Das Wasser holten wir in einem Plastikbehälter aus dem See. Es hatte eine gelbliche Farbe, schmeckte aber gut. Gekocht wurde auf dem abends immer brennenden Feuer oder auf dem Spirituskocher, den Dean uns geliehen hatte. Da in der sogenannten Küche nie aufgeräumt wurde, sah es dort bald böse aus. Jeder nahm das, was er gerade brauchte und legte den Rest wieder hin. Gemeinsame Mahlzeiten gab es nur abends. Dann sorgte unser Senior Klemm immer rührend für alle. Er hatte bereits Erfahrungen mit dem Leben im Busch, und er sah es immer wieder als seine große Aufgabe an, den jüngeren Kameraden zu helfen. Ich glaube, daß dieses Verhalten ansteckend war, denn während der gesamten Zeit unseres Jagdausfluges wurde das Wort Hilfsbereitschaft immer groß geschrieben. Abends saßen wir am Feuer, oder wir lagen im Zelt und erzählten. Klemm konnte von vielen Jagderlebnissen berichten. Siegfried und ich trugen einiges dazu bei, und Manfred, unser Noch-nicht-Jäger, hörte begeistert zu. Im Zelt machte Klemm dazu jedesmal eine Kerze an und nannte es „Die blaue Stunde".

Morgens und abends zog immer ein größerer Schwarm Kolkraben in lockerer Geschwaderformation über uns hinweg. Morgens Kurs Ost, abends zurück nach Westen. Diese schlauen Vögel wissen genau, wo ein Stück Wild fällt. Ein gefallenes Stück oder die Reste davon finden sie mit Sicherheit und räumen es mit erstaunlicher Geschwindigkeit auf. Wenn das „Korr Korr" ertönte, sagte Manfred immer: „Hört ihr, die lachen uns aus!" Nie werde ich vergessen, daß einer dieser Kolkraben einen Sprachfehler hatte. Er rief ganz hell „Krie Krie!“ Der war morgens und abends immer dabei. Einmal schoß Siegfried mit einer mitgebrachten Schrotflinte einen von ihnen; sie sind in Alaska jagdbar. Wir haben den stolzen Vogel gebührend bewundert.

Ich litt sehr unter der Tatsache, daß wir weder Stuhl noch Tisch hatten. Wenn die Niggerheads naß waren, konnte man praktisch nur liegen oder stehen. Meine Kreuzschmerzen waren demzufolge beachtlich. Einziges Gegenmittel war laufen! Aber bei tagelangem Regen wurde es dann kritisch. Ich war damals immerhin schon 54 Jahre alt. Klemm, der noch neun Jahre älter war, ging es genau so. Mit den wenigen Nägeln, die wir hatten, baute er sich einen Stuhl, der jedoch bei der ersten Benutzung zusammenbrach. Zurückblickend frage ich mich, warum wir uns damals nicht aus kräftigen Rundlingen eine Bank gezimmert haben. Aber dazu hatten wir keine entsprechend großen Nägel und wohl auch keine Zeit. Erkältungen hatte keiner von uns, obgleich wir oft durchnäßt waren. Die gibt es offenbar in Alaska nicht.

In der Nacht zum 18. September regnete es sehr stark. Pausenlos prasselten schwere Tropfen auf das Zelt und auf die Plane, die wir über das Zelt gezogen hatten. Durch diese Plane war unsere Unterkunft praktisch regendicht.

Das Wildbret hängten wir an einer Stange in die Bäume.

Bedient hat sich dort dann nur noch der Whiskyjack.

Mit Klemm pirschte ich in Richtung Süden.

Mein Karibu lag im Feuer.

Siegfried und Manfred waren nicht weit vom Camp auf Karibus gestoßen.

Die Geweihe stellten wir in den See.

Siegfried band Dieters Elchgeweih auf sein Packboard und trug es zum Camp.

Über der Küche allerdings bildete sich in der Plane ein großer Wassersack, und als dieser schwer genug war, brach er mit gewaltigem Krach durch. Erschrokken fuhren wir hoch. Wir griffen zu den Waffen, weil wir glaubten, der Bär sei da! Das Chaos in der Küche war damit perfekt. Verluste an Lebensmitteln hatten wir dadurch allerdings kaum, denn die waren ohnehin fast vollständig verbraucht. Wenn nicht bald ein Stück Wild erlegt würde, stand Hunger ins Haus. Wir hatten zwar eine Angelrute dabei; aber leider blieb das Fischen ohne jeden Erfolg. Da ich auf diesem Gebiet keine Erfahrungen habe, kann ich nicht sagen, woran das lag. Ernsthafte Mühe hat sich hierbei aber wohl keiner gegeben. Im Vordergrund stand stets der Elch!

Am nächsten Morgen, dem sechsten Tag im Busch, war ich mit Klemm unterwegs. Unser Ziel war zunächst wieder der Höhenrücken südlich vom Camp. Das Wetter hatte aufgeklart. Klemm ging drei Schritte vor mir. Wir waren noch nicht ganz oben, als aus einem Erlengestrüpp, etwa 70 Gänge links vor uns, ein junger Elch austrat. Offensichtlich ein Spießer oder Gabler vom ersten oder zweiten Kopf. Wir sahen ihn gleichzeitig und blieben stehen. Für mich war immer klar, daß Klemm als der ältere Weidgenosse den ersten Schuß hatte – wenn er wollte! Jetzt aber waren die Voraussetzungen umgekehrt. Laut Gesetz durfte jeder Jäger im Jahr nur einen Elch schießen. Deshalb hatte jeder von uns nur ein „Tag“ für einen Elch. Bisher war aber noch kein Elch gefallen! Andererseits brauchten wir jetzt dringend Wildbret, wenn nicht Hungersnot ausbrechen sollte! Aber das kostbare „Tag“ für einen solchen Jüngling opfern? Ich sagte: „Klemm, schieß!“ Klemm sagte: „Schieß du!“ Der Elch hörte sich dieses Palaver nicht lange an; er wurde in Richtung auf ein etwas tiefer liegendes Erlengestrüpp flüchtig. Ich riß die Waffe hoch, zog mit und schoß. Unmittelbar darauf, als der Elch gerade in die Erlen rauschte, schoß auch Klemm.

Weit brauchten wir nicht zu suchen. Der junge Elchbulle hatte eine Kugel mitten auf dem Blatt und war auf der Stelle verendet. Wir reichten uns die Hände und wünschten uns gegenseitig Weidmannsheil. Das schwache Geweih war noch im Bast, es war für einen Trophy-Hunter uninteressant. Doch in diesem Augenblick waren wir Meat-Hunter. Es war noch sehr früh am Tag, und weil wir wußten, daß die Kameraden noch im Camp waren, gab ich zwei Schüsse ab, um sie zu alarmieren und um Hilfe zu bitten. Als sie kamen, war der Elch schon aufgebrochen und teilweise zerwirkt. Der Marsch von hier ins Camp dauerte etwa eine dreiviertel Stunde; es ging allerdings über die verdammten Niggerheads, was mit der Last auf den Schultern besonders übel war. Nachdem jeder den Weg zweimal gegangen war, hatten wir das gesamte Wildbret im Camp.

Sofort begann die große Braterei. Zuerst Leber, aber das nur einmal. Dann herrliche Steaks, wofür zunächst nur die Filets verwendet wurden. Es war ein Festessen, das so lange fortgesetzt wurde, bis wir nicht mehr konnten. Den Rest der Beute hängten wir an einer Stange in die Bäume, um ihn dem Zugriff vom Raubwild zu entziehen. Bedient hat sich dort dann nur noch der Whiskyjack, ein grauer Vogel mit schwarzer Haube und weißer Halskrause, etwa in Größe unseres Eichelhähers. Der war so frech, daß er auch aus unseren Marmeladengläsern naschte! Den Namen Whiskyjack brachte Klemm uns bei, der ja schon in Kanada gejagt hatte. Dort heißt der Vogel so. In Alaska wird er allgemein Camprobber genannt.

Wir legten uns auf unsere Matratzen, um uns von der Anstrengung dieser Mahlzeit zu erholen. Aber die Ruhe war trügerisch. Plötzlich brummte die Beaver über unseren Köpfen. Dean zog eine Kurve, wasserte und legte auch schon an unserem Ufer an. Er hatte einen Jäger bei sich, der wohl unser fünfter Mann sein mußte: Dieter aus Hamburg. Dieter hatte uns zwar gesagt, daß er später kommen würde; aber das hatten wir inzwischen fast schon vergessen. Nach seiner Landung in Anchorage vor zwei Tagen war er – wie verabredet – in unser Motel Barrett Best Western Inn gefahren. Dort hatte er unsere Nachricht vorgefunden, die ihn zu Dean führte. Dean wußte, daß vermutlich noch ein fünfter Jäger nachkommen würde.

Wir luden beide zu Steaks ein, die gleich wieder in der Pfanne brutzelten. Dean nahm gerne an. Dieter, der 34 Jahre alt war und elend aussah, lehnte ab. Er erzählte uns, daß er leider Diät leben müsse. Erst kürzlich habe er eine schwere Magenoperation hinter sich gebracht. Klemm und ich sahen uns an, wir waren entsetzt; aber ein solches Risiko ließ sich bei unserer Art der Planung nicht ausschließen.

Nachdem Dean ausgiebig gespeist hatte, startete er zum Rückflug nach Anchorage. Einen Teil des erbeuteten Wildbrets nahm er mit, da wir in den wenigen Tagen, die wir hier noch bleiben wollten, unmöglich alles essen konnten.

Dieter bekam seinen Platz im Zelt, wobei das Wort „Platz“ sicher übertrieben ist. Er durfte sich zwischen uns klemmen und seine Sachen irgendwo in die Ecken zu unseren Sachen stopfen. Es wurde jetzt sehr eng, zumal es an den folgenden Tagen unseres Aufenthalts in den Talkeetnas oft geregnet hat. Wir pirschten trotz des Regens; aber wenn eine Garnitur durchnäßt war, mußten wir im Zelt bleiben, bis wir sie wieder getrocknet hatten. Solange saßen wir zusammen auf engstem Raum. Es wurde erzählt und jagdlichen Träumen nachgehangen. Ab und zu sprang einer aus dem Zelt und machte am immer glimmenden Feuer etwas zu Essen warm, was dann verteilt wurde. Die Stimmung und die Kameradschaft waren gut. Wir genossen das Lagerleben! Wir pirschten jetzt meist allein, denn wir hatten erkannt, daß die Aussichten, zum Schuß zu kommen, doch recht gering waren.

Zwei Erlebnisse, die ich zeitlich nicht mehr einordnen kann, sind mir noch in Erinnerung geblieben: In einer Nacht spürten wir ein Erdbeben. Gleichzeitig mit einem dumpfen Grollen, das wir hörten, wurden wir leicht geschüttelt. In einer anderen Nacht sahen wir ein, allerdings schwaches, Nordlicht. Geschossen haben wir von diesem Camp aus nichts mehr. Die Strecke bestand somit aus einem schwachen Elch und einem Kolkraben. Dieser geringe Erfolg konnte aber unserer Freude an der Jagd in den Talkeetnas keinen Abbruch tun!

Am 24. September zog die Beaver wieder ihre Kreise über uns. Wir hatten schon auf Dean gewartet. Er erzählte uns, daß die Jagd auf Elch und Karibu in der Unit 13 jetzt geschlossen wäre. Wir hatten das gar nicht mitbekommen. Das Büchlein „Alaska Hunting Regulations“ war bei der Lagebesprechung in Deans Büro liegen geblieben! Dean schlug vor, uns in eine andere Unit umzusetzen, wo nunmehr die Jagd auf Elch, Karibu und Schwarzbär frei sei. Uns war's recht. Zunächst aber flog Dean uns nach Anchorage. Eine kleine Auffrischung im Hotel und die Besorgung von einigen Lebensmitteln konnten nicht schaden. Schnell packten wir zusammen und räumten den Lagerplatz auf. In der Beaver war es diesmal noch enger als beim Herflug; aber alles klappte. Der Flug über die verschneiten Talkeetnas war traumhaft schön. In unserem Motel nahmen wir diesmal zwei Doppelzimmer, und die Badewanne war ein Erlebnis!

Der kleine See in den Bonanza Hills

Noch an diesem Abend studierte ich – gemeinsam mit den Kameraden – im Motel gründlich die Hunting Regulations und die zugehörige Karte der Units. Wir kamen zu dem Ergebnis, daß in den nächsten drei Wochen in den Units 19 und 17 Schwarzbär, Elch und Karibu frei waren. Das war das Wild, das uns interessierte! Damit stand unser neues Ziel fest: Unit 19 oder 17. Diese auf breiter Front aneinandergrenzenden Gebiete erstrecken sich vom südlichen Teil der Alaska Range und von der Aleutian Range nach Westen.

Während des Einkaufsbummels am nächsten Vormittag versuchte ich verzweifelt, Landkarten im Maßstab 1:250.000 von dieser Gegend zu bekommen. Es gelang leider nicht. So kam es, daß wir während des kommenden Jagdausflugs nicht oder nur sehr ungenau wußten, wo wir überhaupt waren.

In Anchorage lernte ich damals einen sehr netten, aus Deutschland stammenden Herren kennen, der mir später, als wir schon lange wieder zu Hause waren, diese Karten geschickt hat. Ich stand dann viele Stunden vor den Karten und habe die Gegend gesucht, in der wir gejagt haben, bis mir plötzlich anhand von zwei kleinen, in ihren Formen sehr ausgeprägten Seen sämtliche Lichter aufgingen.

Jetzt kann ich die Orte des Geschehens nennen. Damals wußten wir nicht, wo Dean uns bei diesem zweiten Ausflug abgesetzt hatte. Unser einziger Weg zurück in die Zivilisation hieß somit Dean Carrell.

Mit Dean hatten wir den Start für den 25. September, zwölf Uhr verabredet. Wieder ging es mit dem Taxi zum Lake Hood, wieder mußte das Taxi zweimal fahren. Leider hingen an diesem Tag dicke Wolken über dem südlichen Alaska. Der Abflug mußte verschoben werden. Um vier Uhr entschloß Dean sich dann doch noch zum Start. Mir war nicht ganz wohl dabei, denn sämtliche umliegenden Berge hatten ihre Köpfe in den Wolken. Die Maschine war wieder so voll geladen worden, wie es eben nur ging. Mich hatte man diesmal hinten reingestopft; aber ich lag an einem Seitenfenster, durch das ich gute Sicht nach rechts hatte; auch konnte ich über Klemms Schultern nach vorne schauen.

Nach dem Start ging Dean sofort auf Westkurs. Wir überflogen den Cook Inlet. Dabei stieg die Maschine bis zur Wolkenuntergrenze. Vor uns standen die Berge des südlichen Teils der Alaska Range als Mauer, deren oberer Teil in den Wolken steckte. Ein Tal bot sich an wie eine Röhre. Dean flog hinein. Es wurde rechts und links immer enger, und immer weiter mußte die Maschine steigen, wollten wir nicht Bodenberührung bekommen. Dann um uns herum schon Wolken, gleichzeitig aber auch ein heller Fleck vor uns.

Dean hielt darauf zu, und die Wolken rissen auf; wir hatten den Paß überquert, und nun ging es das gegenüberliegende Tal hinunter. Ich atmete auf. Das war knapp, eine Kehrtkurve wäre mit der überladenen Maschine nicht drin gewesen! Das Tal, das wir jetzt hinunterflogen, schien endlos lang zu sein. Dean flog sämtliche Kurven aus. Die Berge rechts und links traten zurück, wir überflogen einen See, und dann hatten wir weites, hügeliges, mit wenigen Bäumen und viel Strauchwerk bestandenes Land unter uns. Jetzt links ein größerer See. Wie ich später feststellte, war es der Telaquana Lake. Anschließend wieder weitflächiges Land.

Wir hatten Dean gebeten, uns nicht gleich irgendwo abzusetzen, sondern zunächst einmal aus der Luft Ausschau zu halten, und das tat er. Es dauerte gar nicht lange, da erkannten wir aus etwa 200 Metern Höhe unter uns viele Karibu. Sie zogen, aus einer großen Flußniederung kommend, an einem kleinen Fluß entlang und schließlich an einem kleinen See vorbei durch hügeliges Gelände in Richtung Südosten. Außer den Karibu erkannten wir auch einen Grizzly-Bären und einen schwachen Elchbullen. Sofort baten wir Dean, uns an diesem kleinen See abzusetzen, was er gerne tat. Nachdem er die Maschine sauber aufgesetzt hatte, lenkte er sie an eine Uferstelle, an der die hier an sich sehr dichten Erlen- und Weidenbüsche eine Lichtung bilden. Schnell war die Beaver entladen, und Dean verabschiedete sich mit der Bemerkung, daß er in etwa 14 Tagen nach uns schauen würde.

Zuvor hatten wir mit Dean noch vereinbart, daß wir auch an einem weiteren kleinen See, der etwa fünf Kilometer südlich von unserem See liegt, Wildbret deponieren konnten. Wir hatten auch diesen See tief überflogen; auch dort standen Karibu, und Dean hatte festgestellt, daß er dort mit dem Flugzeug ebenfalls wassern konnte. Er versicherte uns, er würde auch an diesem See abgelegtes Wildbret abholen und so dem Gesetz Genüge tun. Damit wurde unser Jagdgebiet wesentlich erweitert. Wir nannten diesen See unseren Zweitsee.

Wieder bauten wir mit Eifer unser Lager auf. Es bestand jetzt aus zwei von Dean geliehenen Zelten und dem Einmannzelt von Siegfried, das wieder Verpflegung und Ausrüstungsgegenstände aufnahm. Wie ich später der Karte entnommen habe, lag unser Jagdcamp hier an einem namenlosen See in den Bonanza Hills, etwa 730 Meter über dem Meeresspiegel. Wir jagten an diesem Tag nicht mehr, da der Abend schnell hereinbrach. Wir sahen aber in der Umgebung des Camps mehrfach Karibu. Ein Feuer wurde an diesem und auch am nächsten Tag nicht angefacht, um die Karibu nicht zu stören.

Gleich hinter den Zelten stieg ein steiler, mit Schotter bedeckter Hang an. Dieser Schotter bestand aus kleinen Schieferstückchen. Nachts hörten wir immer wieder klirrende Geräusche, wenn Wild an diesem Hang entlangzog und Schiefer herunterrieselte. Und dann hörten wir auch das Knacken in den Hufgelenken der Karibu, von dem Meissner schreibt „Es hört sich an, wie das Geklapper ausgeleierter Holzräder. Jede Rentierherde macht dieses Geräusch.“ Genau so war es, besser kann man es nicht beschreiben. Wir befanden uns mitten in einem Karibuzug.

Am nächsten Morgen, es war der 26. September, ging es dann mit hoher Erwartung auf die Pirsch. Ich pirschte mit Klemm in Richtung Süden, wohin auch die Karibu unterwegs waren. Siegfried und Manfred gingen in die entgegengesetzte Richtung, also dem Karibuzug entgegen. Dieter war – wie so oft – allein unterwegs. Wir mußten uns zunächst durch übermannshohes Erlen- und Weidengestrüpp schlagen, doch dann fanden wir ausgetretene Karibuwechsel und kamen schneller voran. Nachdem wir einen Bach überquert hatten, stieg das Gelände an. Bald hatten wir holpriges, aber freies, nur mit gelbem Riedgras und grauweißen Rentierflechten bewachsenes Gelände vor uns, das sich zu einem flachen Höhenrücken hinaufzog.

Jetzt sahen wir zunächst rechts von uns, dann auch vor uns Karibu. Meist Rudel mit zehn bis zwölf weiblichen Stücken und einem Bullen. Offenbar war es ein Brunftzug, denn die Bullen taten sich – vermutlich, wenn sie ein Stück beschlagen hatten – immer wieder nieder und zogen erst nach einiger Zeit müde hinterher. Wenn ich hier von Bullen und Kühen rede, so entspricht das der Übersetzung aus dem Sprachgebrauch der Amerikaner. Es hätte aber bei den Karibu auch keinen Sinn von Kahlwild zu sprechen, denn die weiblichen Stücke tragen auch Geweihe, wenn auch schwächere als die männlichen.

Die Bullen, die wir hier sahen, hatten zwar starke Geweihe auf; wir wollten aber vorerst abwarten, ob noch stärkere auftauchen. Uns fehlte ja leider jede Erfahrung mit diesem Wild. Tragisch war das aber nicht, denn den Ehrgeiz, hier unbedingt Rekordtrophäen zu erbeuten, hatten wir nicht. Vorsichtig und in gebückter Haltung pirschten wir weiter, bis wir den Höhenrücken überschauen und das nächste Tal einsehen konnten. Dort lag unser Zweitsee und dort, nicht weit vom Ufer entfernt, stand ein Rudel von etwa 15 Karibu, das nur aus Bullen bestand. Unter ihnen einige mit beachtlichen Geweihen!

Der Wind stand gut. Wir pirschten uns teils in gebückter Haltung, teils auf dem Boden kriechend an, was ohne größere Schwierigkeiten möglich war. Die Karibu warfen ab und zu auf, äugten in unsere Richtung und ästen dann weiter. In einer Entfernung von etwa 150 Metern legten wir uns hin und bauten uns mit Hilfe unserer Packboards halbwegs brauchbare Auflagen. Klemm fragte: „Welchen willst du schießen?“ Ich beschrieb ihm einen Bullen, dessen Geweih mir sehr gut gefiel. Darauf Klemm: „Ich nehme den dritten von rechts!“ Und dann krachten beide Schüsse. Mein Karibu lag im Feuer, Klemms Bulle stürzte, von der Mannlicher-Repetierbüchse im Kaliber 9,3 x 64 getroffen, nach wenigen Gängen. Auf die beiden Schüsse hin waren die Karibu unruhig geworden; sie wurden aber nicht flüchtig, sondern ästen bald weiter, als sei nichts geschehen. Daraufhin schoß ich nach Absprache mit Klemm noch einen zweiten Bullen, der auch im Feuer lag. Klemm begnügte sich mit einem Karibu. Jeder von uns hatte zwei „Tags“ für Karibu. Mich hatte die Tatsache gereizt, daß wir hier das Wildbret nur wenige hundert Meter bis zum See tragen mußten. Klemm wollte sich die Möglichkeit offen halten, einen noch stärkeren Bullen zu schießen. Wer hatte das bessere Los gezogen? Das konnte nur die Zukunft zeigen!

Nachdem die Karibuherde abgezogen war, hielten wir zunächst einmal unser Jagdglück auf Fotos fest. Wir waren begeistert, daß unsere mit so mangelhaften Vorbereitungen gestartete Jagdreise jetzt doch noch durch Trophäen gekrönt wurde! Die imponierende, lange, schneeweiße Mähne am Träger meines ersten Bullen brachte mich auf den Gedanken, mir davon einen weißen Hirschbart fertigen zu lassen. Ich tat es dann nicht – aus der Überlegung heraus, daß es wohl genügt, wenn die eigenen Haare mit der Zeit grau und weiß werden.

Wir machten uns ans Aufbrechen. Dabei stellten wir fest, daß die Karibubullen im Wildbret doch stärker sind, als unsere Rothirsche zu Hause. Besonders fiel mir auf, daß auch die Decke der Karibu stärker und zäher ist. Aber wir hatten sehr gute Nicker dabei, und Klemm ist ein Meister im Abziehen von Messern. So ging die rote Arbeit zügig voran, zumal ich schon einige Erfahrungen auf diesem Gebiet hatte. Einen Schreck bekam ich allerdings, als ich nach einiger Zeit meine Arme anschaute. Sie waren bis zu den Ellbogen mit Schweiß bedeckt, und darauf lag eine fast geschlossene dunkle Schicht von Stechmücken! Klemm ging es nicht besser. Diese etwa fünf Millimeter langen, braunen Stechfliegen werden hier „White-socks" genannt, da sie weiße Beinchen haben. Das kann man allerdings nur unter einem Vergrößerungsglas erkennen. Da wir hier kein Wasser hatten, half alles nichts: Wir mußten zunächst weitermachen. Erst als wir später an den See gingen, konnten wir die Arme abwaschen und die Ärmel wieder herunterkrempeln. Noch tagelang hatten wir völlig zerstochene, dick geschwollene Unterarme.

An diesem Tag brachen wir die drei Karibu nur auf und schlugen die Häupter mit den Geweihen ab. So gut es ging, verblendeten wir das Wild mit Strauchwerk und Gras. Mit „Flags" sicherten wir es gegen

Raubwild. „Flags“, das sind rote Plastikstreifen, die Dean uns zu diesem Zweck gegeben hatte. Sie halfen ihm auch bei der Suche, wenn er später das Wildbret abholte. Anschließend marschierten wir in Richtung Camp ab. Wir waren noch nicht weit gekommen, als Klemm sagte „Schau mal nach links!“ Ich tat es und sah südlich von uns eine große Karibuherde. Inmitten der vielen Karibu aber stand ein Bulle mit einem riesigen Geweih.

Wir haben ihn lange bewundert; aber an ein Anpirschen war nicht zu denken, denn der Tag war so weit fortgeschritten, daß der Heimweg angesagt war. Außerdem schien dieser starke Bulle inmitten seiner Herde sicher aufgehoben zu sein.

Ich hatte zwei Geweihe auf dem Rücken, Klemm eins. Es waren noch die vollständigen Häupter, wie wir sie abgetrennt hatten. Eine üble Schlepperei. Außer den Geweihen trugen wir ja noch die Waffe und das Doppelglas. Immer wieder verrutschte etwas, und oft mußten wir Unebenheiten im Gelände überwinden. Dennoch kamen wir gut voran. Plötzlich blieb Klemm, der vor mir ging, stehen. Vor uns, etwa 80 Meter entfernt, stand schon wieder eine Karibuherde. Es waren zwölf weibliche Stücke und ein Bulle. Dieser Bulle hatte ein prächtiges Geweih. Stärker als die Geweihe, die wir bisher erbeutet hatten. Klemm entschloß sich, dieses Karibu zu strecken.

Bis er fertig zum Schuß war, hatte sich die Entfernung auf etwa 150 Meter vergrößert; aber dann stand der Bulle breit, und im Feuer brach er zusammen. Weidmannsheil! Die Freude war groß, jetzt hatte jeder von uns seine beiden Karibu!

Nun galt es zunächst einmal zu planen. Der Abend rückte näher. Der Weg von hier zum Camp mochte etwa eine dreiviertel Stunde in Anspruch nehmen. Klemm wollte vorerst bei seinem Karibu bleiben, dieses aufbrechen, aus der Decke schlagen und das Haupt abtrennen. Ich sollte inzwischen zum Camp gehen und Hilfe holen, damit wir möglichst heute noch etwas von dem hier angefallenen Wildbret bergen konnten. Gesagt, getan. Als ich im Camp eintraf, nachdem ich mich mit den beiden Geweihen mühsam durch die Erlenbüsche gewunden hatte, bekam ich plötzlich vor Erstaunen dem Mund nicht mehr zu! Vor den Zelten lagen die gewaltigen Schaufeln eines starken Elchbullen und ein Karibugeweih.

Was war geschehen? Siegfried, der sich gerade etwas zu Essen machte, berichtete: Er und Manfred waren morgens, nicht allzu weit vom Camp entfernt, auf Karibu gestoßen. Manfred hatte das erste Stück Wild in seinem Leben, einen Karibubullen, mit sauberem Blattschuß gestreckt. Siegfried hatte sich noch zurückgehalten, er träumte von ganz starken Trophäen. Manfred war noch unterwegs, um das Wildbret zu bergen.

Es war ein Leutnant der fliegenden Jagdpolizei. Wir tauschten unsere Adressen aus.

Leicht war es nicht, mit dieser Trophäe durch die Erlensträucher zu marschieren.

Noch nie habe ich im Gestein die einzelnen Erosionsschichten so klar erkennen können.

Jetzt war ich der glücklichste Jäger der Welt.

Dieter war allein durch die Wildnis gepirscht. Plötzlich stand, wie aus dem Boden gewachsen, ein starker Elch vor ihm. Er gab den ersten Schuß mit aufgesetztem Zielfernrohr ab. Da der Elch aber flüchtig wurde, schoß er glatt daneben. Darauf schlug er das Zielfernrohr ab, und auf den zweiten Schuß, auf etwa 70 Meter Entfernung, stürzte der Elch im Feuer. Da es ihm gesundheitlich gar nicht gut ging, kehrte Dieter sofort ins Camp zurück und bat um Hilfe. Das Ganze spielte sich südwestlich vom Camp in einer Entfernung von etwa einer Stunde Fußmarsch ab. Siegfried ließ sich daraufhin von Dieter zum Elch führen. Er brach den Elch auf und schlug das Haupt ab. Das Haupt mit Geweih band Siegfried auf sein Packboard und trug es ins Camp, wobei auch ihm auf dem letzten Stück des Weges die Erlen große Schwierigkeiten machten. Jetzt lag Dieter im Zelt, er hatte den Heimweg nur mit letzter Kraft geschafft!

Das war nun eine ganze Menge, was die Kameraden da geleistet hatten! Aber ich mußte Siegfried bitten, mit mir noch zu Klemm zu gehen, der ja auf uns wartete. Und Siegfried war bereit dazu! Auf dem Weg dorthin überfiel uns die Dunkelheit. Ich begann zu zweifeln, ob meine Marschrichtung noch stimmte. Wir riefen und winkten mit der Taschenlampe und plötzlich sahen wir in einiger Entfernung eine Taschenlampe blinken. Es war das Lämpchen, das die „Kirschblüte“ Klemm im Flugzeug geschenkt hatte!

Der Heimweg war eine böse Stolperei durch die Dunkelheit. Siegfried und ich hatten Wildbret aufgepackt. Klemm trug zwei Karibugeweihe mit den noch vollständigen Häuptern. Auf dem letzten Stück des Weges dann nochmals der Kampf mit den dichten Erlenbüschen. Wir schafften es. Schließlich legten wir das Wildbret und auch die Trophäen etwa 30 Meter von den Zelten entfernt in einer Lichtung zwischen den Erlen ab. Wir wollten Bären, die sich nachts für unser Camp interessieren konnten, dorthin lenken und nicht in unsere Zelte.

Um den Karibuzug nicht zu stören, verzichteten wir auch an diesem Abend auf ein Feuer. Bei Kerzenlicht saßen wir im Zelt und stillten unseren Hunger mit den am Vortag in Anchorage eingekauften Lebensmitteln. Und dann wurde erzählt. Wir waren ja mitten zwischen den Karibu! Ein Jagdtag, wie wir ihn uns nicht erträumt hatten!

Der Held des Tages war Manfred, der sein erstes Stück Wild sauber gestreckt und versorgt hatte! Nur Dieter war nicht dabei. Er lag im Zelt, das er gemeinsam mit Siegfried und Manfred bewohnte, und war nicht mehr ansprechbar. „Der wird wieder“, sagte Siegfried, „laß mal morgen die Sonne aufgehen!“

Bald fielen wir dann auf unsere Matratzen, denn das Schleppen der Trophäen und des Wildbrets hatte uns gewaltig geschlaucht. Ich mußte leider auf die weiche

Luft in der Matratze verzichten; eine Kammer war undicht geworden, und um nicht seitlich herunterzurollen, mußte ich auch aus den beiden anderen Kammern auch Luft ablassen.

Am 27. September brachen Klemm und ich sehr früh zu unserem Zweitsee auf. Dort schlugen wir die drei Karibubullen aus der Decke. Nach dem Zerwirken schleppten wir das Wildbret zum See und lagerten es an einer trockenen Stelle. Die roten Flags brachten wir so an, daß Dean den Platz möglichst schon aus der Luft erkennen konnte. Es war viel harte Arbeit! Auf dem Heimweg mußten wir uns dann noch mit dem vierten Karibu beschäftigen und von dort mit voller Last ins Camp zurückmarschieren. In meinem kleinen Taschenkalender steht für diesen Tag: „Wildbret geborgen, geschleppt bis zum Umfallen“. Wieder hatten wir unsere schweren Büchsen und die Doppelgläser dabei, was den Transport nicht gerade erleichterte; aber wir mußten ja stets damit rechnen, auf einen Elch oder einen Bären zu stoßen. Außerdem steht in meinem Taschenkalender noch: „Dieter sehr krank“. Er lag auf seiner Luftmatratze im Zelt und war nicht mehr ansprechbar. Es ging ihm richtig schlecht! Wir machten uns große Sorgen.

Am nächsten Tag ist keiner von uns zur Pirsch gegangen. Der Zustand von Dieter hatte sich weiter verschlechtert. Er war zeitweise ohne Bewußtsein, Blut kam aus dem Mund. Ich hatte mir durch einen befreundeten Arzt so ziemlich alle Medikamente besorgen lassen, die man in der Wildnis vielleicht gebrauchen kann. Für Blutungen aus dem Mund nach vorangegangener Magenoperation war aber nichts dabei. Wir standen am See und beratschlagten, was zu tun sei. Wir wußten, daß die Air Force auf ihrem Stützpunkt Fort Elmendorf am Nordrand von Anchorage ein Notzentrum aufgebaut hat, das für die Suche oder Bergung von Vermißten oder Verunglückten zuständig und jederzeit einsatzbereit ist. Dieser militärische Rettungsdienst hat in den vergangenen Jahren viele Menschen vor dem sicheren Tod bewahrt. Nur mußten wir auch erkennen, daß wir im Augenblick diese Hilfe bei bestem Willen nicht erreichen konnten. Es war zum Verzweifeln!

Um überhaupt etwas zu tun, bereiteten wir Notsignale vor für den Fall, daß sich ein Flugzeug zeigen sollte. Wir machten ein Feuer an und legten nasses Gras und grüne Zweige von Sitkafichten daneben, um kurzfristig Rauch erzeugen zu können. Auf der Rückseite unserer Jagdlizenzen entdeckten wir Notsignale. Wir übten die „Body-Signals“. Als Notsignal galt auch das Auslegen von weißen und roten Tüchern oder das Winken damit. Einer von uns hatte eine rote Jacke, ein anderer eine noch halbwegs weiße Unterhose. Beides wurde bereitgelegt. Nur war das alles leider ziemlich sinnlos, denn seit wir hier in diesem Camp waren, hatten wir noch kein einziges Flugzeug gesehen oder gehört. Die Stimmung war ganz tief unten, und plötzlich fragte einer: „Was machen wir nun, wenn er stirbt?“ „Maul halten!“ sagte Klemm, „laßt uns an die Arbeit gehen!“

Unsere Arbeit war das Herrichten der Trophäen. Wir hatten keinen Topf, in dem wir die Schädel der Karibu oder gar des Elches hätten abkochen können. Aber wir machten sie sauber, das heißt, wir schärften die Decke ab und entfernten die Lichter und – soweit möglich – das Wildbret. Mit dem Fuchsschwanz, den wir dabeihatten, führten wir den zum Aufsetzen des Geweihs erforderlichen Schnitt wenigstens im hinteren Bereich des Schädels durch, damit wir das Gehirn herausnehmen konnten. Dann stellten wir die Geweihe in das Wasser des Sees, und nach mehreren Tagen nahmen wir sie zum Trocknen heraus. Das funktionierte gut, nur zu Hause, vor dem endgültigen Abkochen, mußten wir sie erst wieder längere Zeit einweichen. Die Schädel der Karibu bestehen aus sehr dünnen Knochen, die nach dem Kochen, wenn der Schädel getrocknet ist, sehr leicht splittern und brechen. Hier kann ich nur vorsichtiges Arbeiten, möglichst mit einem hochtourigen Winkelschleifer, empfehlen.

Das Mittagessen, das am 28. September wieder einmal von Klemm vorbereitet worden war, verlief eintönig und müde. Keiner hatte rechten Appetit. Anschließend beschäftigte ich mich noch mit den Schaufeln von Dieters Elch; Manfred half mir dabei. Dann versuchten wir, uns etwas aufs Ohr zu legen, die letzten Tage hatten viel Kraft gekostet. In die Ruhe hinein tönte plötzlich das leise, noch weit entfernte Brummen eines Flugzeugs. Wir sprangen aus den Zelten, ich schrie: „Feuer machen!“ Dann war die Maschine über uns. Wir winkten mit den Tüchern. Rot, Weiß. Wir versuchten, die „Body-Signals“ auszuführen. Das Feuer wollte nicht recht in Gang kommen, wozu auch, er hatte uns ja gesehen! Die Maschine kreiste! Es war eine einmotorige Maschine mit Schwimmern. Gleich wird er wassern, dachte ich. Doch die Maschine drehte ab! Das Brummen des Motors wurde leiser, dann war es totenstill.

Unsere Verzweiflung konnte nicht größer sein. Rückblickend muß ich überhaupt feststellen, daß sich während dieser Jagdreise triumphale Höhepunkte und tiefste Niedergeschlagenheit oft ganz kurzfristig abgewechselt haben. Wir hockten am See und schimpften. Ich versuchte, den Kameraden Mut zu machen: „Habt ihr nicht gesehen, daß die Maschine im Abflug etwas mit den Tragflächen gewackelt hat?“ „Das war kein Wackeln“, sagte Siegfried, „das war vielleicht eine Bö unter einer Tragfläche!“ Schließlich beschäftigten wir uns wieder mit den Trophäen.

Etwa vier Uhr nachmittags mag es gewesen sein, da brummte es wieder. Diesmal aus südlicher Richtung. Wieder versuchten wir, Signale zu geben, und jetzt hatten wir Erfolg! Eine mit Schwimmern ausgerüstete Piper-Cub wasserte. Der Pilot zog die Maschine an unser Ufer, stellte den Motor ab und warf uns eine Leine zu, mit der wir das Flugzeug am Ufer befestigten. Es war ein junger Leutnant der fliegenden Jagdpolizei, deren Aufgabe es ist, die Einhaltung der Jagdgesetze zu kontrollieren. Er begrüßte uns sehr freundlich, und dann sagte er: „Ihr habt Notsignale gegeben? Man hat es mir über Funk gemeldet!" Wir erklärten ihm unsere Situation, und er war sofort bereit zu helfen. Dieser Mann war äußerst liebenswürdig, sympathisch, hilfsbereit!

Zunächst wurden die Adressen ausgetauscht; er gab uns seine, wir ihm unsere, insbesondere die Adresse von unserem kranken Dieter. Dann erklärte er, er würde Dieter mitnehmen in seine Wohnung in Iliamna. Ich wußte, daß der Iliamna Lake im Süden am Rande der Aleutian Range liegt; dort, wo praktisch die Alaska Peninsula beginnt. Deshalb fragte ich, ob er nicht nach Anchorage fliegen könne, um Dieter möglichst schnell in ärztliche Obhut zu bringen. Aber der Mann wußte, was er wollte. Seine Frau sei Krankenschwester, sie würde erste Hilfe leisten; alles weitere würde von dort veranlaßt werden.

Wir zogen Dieter aus dem Zelt. Er war zwar bei Bewußtsein, aber den Weg zum Flugzeug hätte er allein kaum geschafft. Wir hoben ihn auf den Schwimmer und in das Flugzeug, der Pilot schnallte ihn an. Im Start zog die kleine Maschine sprühendes Wasser hinter sich her. Dann ging sie auf Südkurs.

Klemm sagte: „Wenn ich eine Flasche Whisky hätte, würde ich jetzt einen nehmen.“ „Quatsch“, sagte ich, „drei würde ich nehmen, mindestens!“ Und wir alle lachten – endlich wieder!

Am 29. September waren Klemm und ich wieder mit dem Bergen von Wildbret beschäftigt. Manfred und Siegfried gingen zur Pirsch. Am frühen Nachmittag kehrte zuerst Manfred, dann Siegfried zurück. Siegfried trug die Decke eines Schwarzbären auf seinem Rücken. Großes Hallo und Weidmannsheil! Aber bevor er berichten konnte, zog die Piper-Cub ihre Kreise über dem Camp und wasserte. Der Leutnant war gekommen, um uns über das weitere Schicksal unseres Kameraden Dieter zu unterrichten. Wir luden ihn zu einer Tasse Kaffee und einem Stück Karibufilet aus der Bratpfanne ein, was er gerne annahm. Dieter war in seinem Haus am Iliamna Lake zunächst von seiner Frau versorgt worden. Dann hatte man ihn aber noch in der Nacht mit einer Sondermaschine nach Anchorage geflogen. Dort wurde er in einem Hospital aufgenommen. Nach neuesten Nachrichten ging es ihm schon wieder etwas besser. Wir atmeten auf!

Mit dem Leutnant unterhielten wir uns dann noch ausgiebig über seine Tätigkeit als Jagdpolizist, auch mußten wir ihm von unserer Jagd in Old Germany erzählen. Beeindruckt war er von der Beute, die wir hier gemacht hatten. „Es ist selten“, sagte er, „daß Nonresidents, die hier ohne Führer jagen, solche Erfolge haben!“ Am Schluß kam er noch seinen Verpflichtungen nach. Er kontrollierte unsere Lizenzen, schaute nach, ob an den Trophäen die Tags angebracht waren. Und er schaute sich auch das von uns geborgene Wildbret an. Die Tatsache, daß wir ein Teil des Wildbrets an unserem Zweitsee deponiert hatten, war nicht zu beanstanden. Die Frage, ob und wann Dean das Wildbret abholen würde, wurde auch diskutiert. „Das tut er sicher“, sagte der Leutnant, „denn das Wildbret hat in Anchorage einen beachtlichen Wert. Er darf zwar nicht damit handeln; aber er hat natürlich gute Freunde, die sich darüber freuen, und die es ihm auf andere Weise vergüten.“ Dann brummte die Piper-Cub wieder mit Kurs Süd davon. Etwas traurig schauten wir ihr nach. Wir hatten einen überaus sympathischen Menschen kennengelernt, den wir gerne wiedergesehen hätten.

An diesem Abend saßen wir noch lange am Lagerfeuer. Wir waren die große Sorge los; jetzt war es leichter, über die Erlebnisse zu reden und neue Pläne zu schmieden. Auch bequemer war es geworden. Wir hatten jetzt zwei Zelte für vier Jäger. Ich lag mit Klemm zusammen.

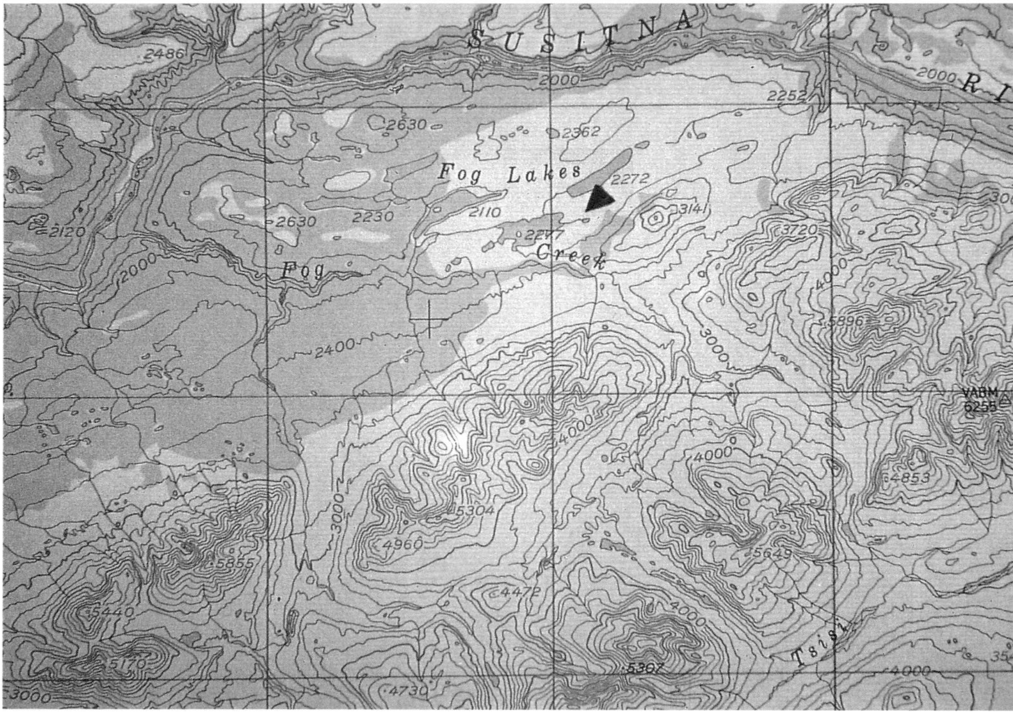

▲ Die Fog Lakes am Nordrand der Talkeetna Mountains.

Der steile Hang und links daneben die beiden Seen mit den markanten Formen.

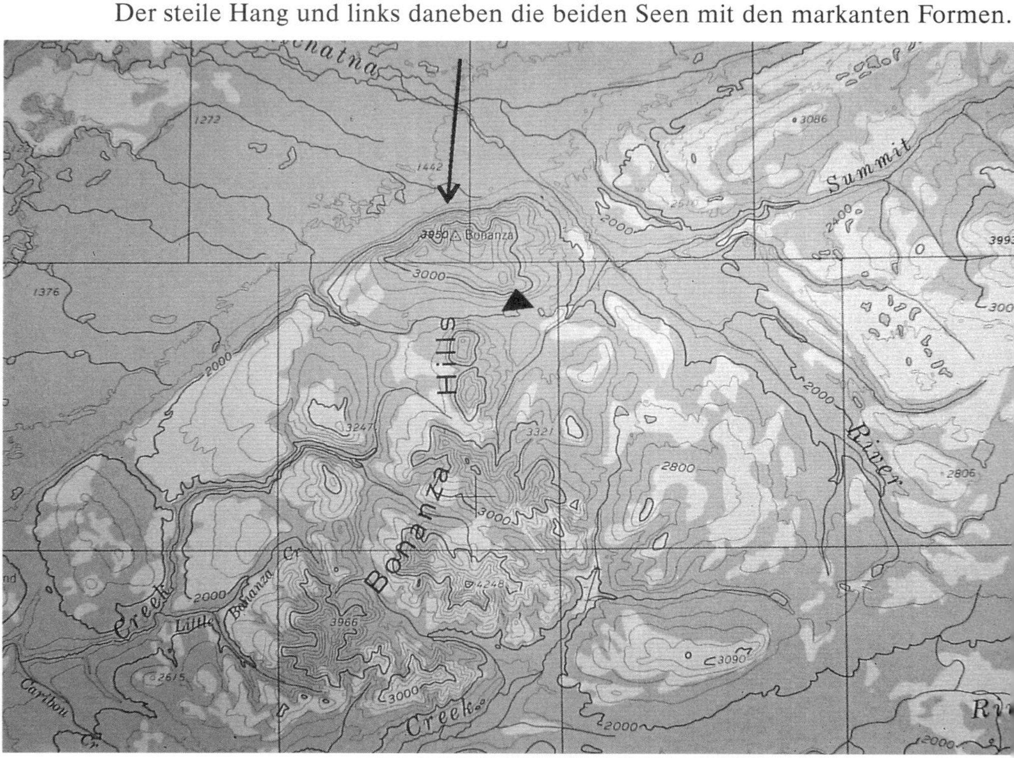

Bären am Mulchatna River

Als ich am nächsten Morgen aufwachte, ahnte ich nicht, daß dies der Tag werden sollte, der die stärksten Erlebnisse in meiner jägerischen Laufbahn einleiten, mir aber auch Verzweiflung und Not bringen würde.

Die an den Vortagen so hart strapazierten Muskeln schmerzten; ich konnte nicht mehr liegen. Meine Armbanduhr zeigte undeutlich eine Zeit kurz nach sechs Uhr an. Klemm schlief fest. Ich versuchte, mich anzukleiden und aus dem Zelt zu kommen, ohne ihn zu stören. Das Wort „ankleiden“ muß ich erläutern: Ich zog die Stiefel und die Jacke an, denn alles andere hatte ich wegen der inzwischen herrschenden Nachtfröste gar nicht ausgezogen. Meiner Pelzmütze, die als Nachtkästchen neben mir lag, entnahm ich Brille, Papiere, Messer und Schnupftabak. Dann setzte ich die Pelzmütze auf, nahm die nachts jetzt immer durchgeladen neben mir liegende Büchse, das Doppelglas und den Rucksack und verließ das Zelt.

Hierbei unterlief mir ein Fehler, der sich rächen sollte: Ich hatte am Vorabend noch eine Kerze angemacht und bei Kerzenschein mit Klemm über dieses und jenes geplaudert. Dazu hatte ich die Zündhölzer und die Taschenlampe gebraucht. Beides blieb jetzt im Zelt zurück, anstatt wieder in der Seitentasche des Rucksacks verstaut zu werden. Im Rausgehen stieß ich an Klemms Schlafsack, worauf er brummte: „Was ist los?“ „Ich mache eine Frühpirsch!“ war meine Antwort. Klemm brummte mir ein „Weidmannsheil!“ hinterher und versank wieder in tiefem Schlaf.

Klemm war ein jederzeit absolut zuverlässiger, hilfsbereiter Kamerad. Ich selbst verstehe vom Kochen so gut wie gar nichts, war oft einfach zu faul dazu. Dann kam Klemm mit der Pfanne: „Hier Jochen, du mußt etwas essen!“ Und wenn mich dann köstliche Steaks anlachten, hatte ich plötzlich Heißhunger. Aber morgens aus dem Schlafsack kriechen, womöglich noch vor Sonnenaufgang? Das war für Klemm zu viel. Und wenn ich ihn wirklich einmal auf die Beine brachte, begannen zuerst umfangreiche Vorbereitungen, bei denen die Bratpfanne meist die größte Rolle spielte. Bis wir dann auf die Läufe kamen, waren die schönsten und aussichtsreichsten Stunden des Tages vertan. Heute war ich also allein. Frühstück war nicht wichtig; unterwegs konnte ich nach Bedarf Blaubeeren äsen. Ich prüfte den Wind, der Finger wurde – so bildete ich mir ein – von Osten her kalt. Also ab, Richtung Ost.

Unser namenloser See liegt in einem flachen Tal, das nach Osten und nach Westen hin offen ist und in größere Täler einmündet. Das Wasser unseres Sees fließt nach Westen ab. Etwa 800 Meter östlich von dem Platz, an dem unser Camp stand, liegt noch ein kleiner

Tümpel, dessen Wasser nach Osten hin abfließt. Das ganze Tal ist mit übermannshohen, mit Weiden durchsetzten Erlenbüschen bestanden. Dieses Erlengestrüpp ist stellenweise undurchdringlich dicht. An manchen Stellen waren die Erlen offenbar durch starke Schneelast im Winter in waagrechte Lage gedrückt worden. Wir nannten das Leg-Erlen. Dort gab es überhaupt kein Durchkommen mehr, es sei denn auf allen Vieren am Boden – wie eine Schlange. Man konnte nur den Karibuwechseln folgen, auf ihnen kam man immer irgendwie weiter. Wo man rauskam, war allerdings meist Glückssache. Oft stand man auch vor einem der vielen Bäche, die diese Landschaft durchziehen, oder vor einer größeren Sumpf- oder Morastfläche. Dann mußte man Umwege machen und Pfade suchen, die ein trockenes Durchkommen ermöglichten. Im Rücken unseres Campplatzes steigt ein Bergmassiv an, das unser Tal um etwa 500 Meter überragt. Was dahinter liegt, war uns zunächst unklar, da wir ja keine Karte in einem ausreichenden Maßstab hatten.

Heute folgte ich also unserem Tal nach Osten. Etwa zwei oder drei Kilometer mag ich mich mit Erlen und Sumpf herumgeschlagen haben, als es mir zu dumm wurde. Ich versuchte, seitlich zum Hang hin aus dem Gestrüpp herauszukommen. Das kostete Kraft, weil ich mir den Weg bahnen mußte, denn dort hinauf führte kein Karibuwechsel. Schließlich war ich aber doch raus aus dem Busch und bekam den Blick in das umliegende Gelände frei. Die Sonne war über den schneebedeckten Gipfeln der Alaska Range aufgegangen und hatte alles in gleißendes Licht getaucht. Ein zauberhafter Tag war angebrochen! Die Nachtfröste hatten die Blätter gefärbt; mit Worten kann man dieser Farbenpracht nicht gerecht werden. Sie war so stark, daß ich manchmal glaubte, alles um mich herum würde brennen. Da war das harte Gelb der Weidensträucher, das Braun der Erlen, der knallrote Teppich der Blaubeerblätter, nur durchbrochen von silbergrauen Flechten und weißem Rentiermoos. Es waren Farben, wie ich sie in der Natur noch nie gesehen hatte.

Ich überquerte jetzt einige Ausläufer des genannten Bergmassivs, und immer, wenn ich über einen Buckel kam und eine neue Senke, ein neues Tal einsehen konnte, war da die riesige Spannung: Was wird hinter diesem Rücken sein? Schließlich kam ich an den Fluß. Heute weiß ich, daß es der Oberlauf des Mulchatna River war. Damals staunte ich nur, wie dieser Fluß unseren Bergrücken einfach von Südosten nach Nordwesten durchschneidet. So als hätte ein Riese sein Messer angesetzt und eine gewaltige Kerbe in den Berg geschnitten. An der engsten Stelle ragen bis zu 200 Meter hohe, fast senkrechte Wände hart rechts und links neben dem rauschenden Wasser auf. Noch nie hatte ich im Gestein die einzelnen Schichten so deutlich erkennen können. Wieder wurde mir klar, wie jung – verglichen mit unseren europäischen Gebirgen – diese Berge sind. Ich saß lange hier oben und bestaunte die Allmacht der Natur.

Von dem Fluß hatte Siegfried erzählt. Auch er war an den Fluß gekommen, wohl aber an einer weniger tief eingeschnittenen Stelle. Plötzlich hatte er in einem gegenüberliegenden Seitental einen Schwarzbären entdeckt, der sich dort den Blaubeeren widmete. Siegfried ging aufs Ganze. Ohne Rücksicht auf Stiefel und Kleider durchquerte er das hüfthohe Wasser. Einem Wechsel folgend, pirschte er in dem Tal, in dem der Bär stand, aufwärts. Nun hatte aber der Bär wohl auch gerade den Entschluß gefaßt, zum Wasser zu ziehen, und zwar auf demselben Wechsel. Als Siegfried hinter einem Gebüsch hervortrat, stand ihm der Bär auf 15 Meter gegenüber. Siegfried behielt – Gott sei Dank – die Nerven. Er drehte das variable Zielfernrohr auf dreifach herunter und ging in Anschlag.

Der Bär hatte sich, weil offensichtlich die Fluchtdistanz unterschritten war, zum Angriff entschlossen. Er kam aber nicht weit. Das schwere Geschoß streifte zwar nur den Schädel, drang dann aber spitz von vorne in die Brust ein und leistete dort ganze Arbeit. Der Bär brach unter fürchterlichem Gebrüll zusammen und verendete. Siegfried schritt die Distanz vom Bären zu der beim Repetieren herausgeflogenen Patronenhülse ab: Es waren elf Gänge! Als Siegfried diese Geschichte abends im Zelt in der „Blauen Stunde“ erzählte, da merkten wir, daß ihm nachträglich noch etwas flau im Magen war. Sicher steckte in diesen Alleinpirschen eine große Portion Leichtsinn. Auch ein gebrochener Knöchel konnte genügen, um den stolzen Jäger ein für allemal in Vergessenheit geraten zu lassen. In Alaska heißt es dann: „He got lost“.

Mich interessierte brennend die Frage, wo und wie dieser Fluß unser Bergmassiv nach Norden oder Nordwesten verlassen mochte. Zu gerne wäre ich ihm gefolgt; aber die Steilwände im Bereich des Durchbruchs und auch ein Seitental mit sehr zerklüfteten Felswänden verlegten mir den Weg. So blieb nur eins, nach links ausweichen. Und das hieß, in die Berge hinaufsteigen. Etwa zwei Stunden schweren Steigens und Kletterns mochten vergangen sein, als ich mich oben über einen Grad schob und Einblick in einen flachen Kessel bekam. Inmitten dieses Kessels lag ein kleiner Tümpel. Hier hatte sich eine Karibuherde eingestellt. Die Karibu standen eng beieinander, sie äugten alle in eine Richtung, und dort stand ein Grizzly, offensichtlich ein jüngerer Petz. Er schaute immer wieder zu den Karibu herüber, traute sich aber nicht, sie anzugreifen. Nach kurzer Zeit verschwand er in Richtung Norden. Die Karibu aber zogen nach Südosten ab und kamen dabei auf Schußentfernung an mir vorbei. Es war ein faszinierender Anblick. In der Herde stand ein Bulle mit prächtigem Geweih. Das aber mußte mich kalt lassen, denn mein Soll an Karibuabschüssen war erfüllt. Außerdem war es für das Bergen des Wildbrets – also für den Transport zum Camp – zu weit.

In der Nacht zum zweiten Oktober waren etwa 30 cm Schnee gefallen.

„Und jetzt", sagte Klemm, „machen wir eine Trophäenschau."

Plötzlich rauschte die Beaver im Tiefflug über uns hinweg.

Sauber setzt er auf, es reicht!

Ich durchquerte den Kessel und fand Spuren, die der Grizzly hinterlassen hatte. An einem Hang hatte er an mehreren Stellen den Boden aufgewühlt, Felsbrocken umgedreht, tiefe Löcher gegraben. An einer Stelle lag das Heunest der Murmel zerfetzt am Boden. Ob er wohl Jagdglück gehabt hat? Ich konnte es nicht erkennen.

Am jenseitigen Rand des flachen Kessels stieß ich auf eine breite Barriere aus großen Felsbrocken, die ich erst nach längerer Kletterei überwinden konnte. Das Problem dabei ist immer wieder die schwere Büchse. Oft kann man den nächsten Brocken nur durch einen Sprung erreichen, und niemals darf die Büchse dabei irgendwo anschlagen, sonst ist die Treffsicherheit dahin. Schließlich hatte ich es geschafft – eine weite Hochebene lag vor mir.

Wie im Traum muß ich durch den zauberhaften Indianersommer gewandert sein, denn plötzlich stand ich vor einem grausig tiefen und steilen Abgrund. Nach der Karte, die heute vor mir liegt, beträgt der Höhenunterschied hier mehr als 500 Meter. Der Hang besteht – wie meist in diesen jungen Gebirgszügen – aus lauter losem Gestein und Felsbrocken. Frische Spuren zeigten, daß hier immer wieder Steinlawinen und Felsen nach unten poltern. Entsetzt trat ich zurück. Ich stand auf einem überhängenden Stück! Nur hier, in der Einsamkeit, nichts riskieren!

Ich setzte mich auf einen großen Stein und leuchtete das riesige Tal ab, das, von einem Fluß mit zahlreichen Nebenarmen durchzogen, vor mir lag. Nach dem Durchbruch durch das Bergmassiv mündet der Fluß zunächst in ein Labyrinth aus Seen, Mooren, kleinen Flüssen und Bächen und fließt dann in weit geschwungenem Bogen mit seinen Nebenarmen in südwestlicher Richtung weiter. In der Ferne glänzte das Wasser eines großen Sees – der Whitefish Lake. Etwas links unter mir zwei kleinere Seen mit sehr markanten Formen. Sie haben mir später, als ich längst wieder zu Hause war und endlich Karten im Maßstab 1:250.000 hatte, geholfen, diese Stelle und damit unser Jagdgebiet wiederzufinden.

Da saß ich nun und träumte vor mich hin. Wie groß und wie schön ist doch diese Welt! Und wie klein und eng ist unser deutsches Vaterland! Die damalige Bundesrepublik Deutschland hatte den sechsten Teil der Fläche von Alaska, und sie ist viel enger besiedelt. Bei uns kommen laut Statistik 230, in Alaska 0,2 Menschen auf einen Quadratkilometer. Diese wenigen Menschen wohnen hier praktisch in drei großen Städten: Anchorage, Fairbanks und Juneau. Alaska gilt zu 99 Prozent als unbewohnt.

Aber das, was mir immer wieder den Eindruck der unendlichen Weite vermittelte, war nicht das Wissen um diese Größenordnungen; es war die so klare Luft und die dadurch bedingte weite Sicht. Den Rahmen dieses gigantischen, absolut unbewohnten Raumes bildeten fast immer weiße Bergspitzen der Alaska Range, der Aleutian Range oder – im Westen – der Kuskokwim Mountains. Diese standen glasklar vor mir, obwohl 100 oder 200 Kilometer entfernt.

Beim Ableuchten der großen Flußniederung erkannte ich Wild. Da standen einige Karibu verstreut herum, und etwas weiter rechts, allerdings sehr weit entfernt, eine Elchkuh mit Kalb. Und dann, als ich das Glas steiler nach unten richtete, entdeckte ich, gar nicht so weit weg, ein braunes Tier. Es tauchte zwischen den Büschen auf, verschwand wieder und war dann plötzlich wieder zu sehen. Ein kleiner brauner Bär? Nein, das muß ein Wolverine sein! Der Wolverine, von uns Vielfraß genannt, ist das bestgehaßte Tier im Norden des amerikanischen Kontinents. Er wird bis zu einem Meter lang und bis zu 30 Kilogramm schwer. Mit seinem starken Gebiß greift er alles an, was ihm in den Weg kommt; auch vor Menschen hat er keinen Respekt. Mit Vorliebe bricht er in menschliche Behausungen ein und richtet dort Verwüstungen an. Alles bespritzt er dann mit seinem übel stinkenden Urin. Auch stärkere Tiere, wie zum Beispiel die Bären, vermeiden jede Auseinandersetzung und gehen ihm aus dem Weg.

Ich hatte eine Lizenz für einen Wolverine gelöst. Aber zum Schießen war es zu weit, und an ein Anpirschen konnte ich nicht denken, weil zwischen mir und dem Stänker der Steilhang lag.

Wie lange ich so dasaß, weiß ich nicht. Als ich auf die Uhr schaute, war es ein Uhr, und mir wurde klar, daß ich den Heimweg antreten mußte, wenn ich das Camp noch vor Einbruch der Dunkelheit erreichen wollte.

Bevor ich abmarschierte, wollte ich doch den Hang noch ableuchten. Ich suchte mir eine Stelle, an der die Oberkante nicht ganz so brüchig aussah, und von der ich steil nach unten sehen konnte. Sofort erkannte ich etwa 250 Meter unter mir den dicken schwarzen Fleck! Auf einer grünen Insel, einem kleinen festen Vorsprung mitten im Geröll, lag ein Schwarzbär. Ein starker, feister, alter Schwarzbär lag dort auf dem Rücken und schlief!

Mich packt das Jagdfieber! Ein Schwarzbär! Noch dazu ein starker, offenbar alter Bär! Er ist allein, also keine führende Bärin! Ist das eine Chance, hier an diesem grausigen Steilhang? Ich habe Zeit, denn er schläft offensichtlich fest und unbesorgt. Zeit genug, um mit meinem Gewissen als Jäger ins Gericht zu gehen: „Wenn du den schießt, mußt du laut Gesetz die Decke oder das Wildbret bergen. Dir genügt die Decke; aber kannst du das? Wirst du einen Weg finden, der es dir ermöglicht, bis dorthin abzusteigen, ohne dir das Genick oder auch nur ein Bein zu brechen? Außer Blaubeeren hast du heute noch nichts gegessen; wird deine Kraft noch für das Abschwarten und für das Bergen dieser Bärendecke ausreichen?“

Ich entscheide mich für den Bären, kann ich doch notfalls noch den morgigen Tag zu Hilfe nehmen. Bevor ich schieße, gehe ich ein Stück weiter nach rechts. Dort springt der Hang etwas vor, wodurch ich die Stelle, an welcher der Bär liegt, besser einsehen kann. Ich lege Steine aufeinander und baue mir so eine Auflage für die Waffe. Dann kurze Berechnung der Ballistik: Entfernung etwa 250 Meter, also etwas hoch halten. Aber: Schußwinkel steil nach unten, also tief halten! Ich entschließe mich, etwas tief, aber nicht zu tief anzufassen.

Als ich in den Anschlag gehe, kommt ein neues Problem: Der Bär liegt auf dem Rücken und schläft. So darf man ein Stück Wild doch nicht schießen! Kurz entschlossen halte ich etwa einen halben Meter links vom Petz in das Geröll und schieße. Im Schuß repetiere ich. Der Bär muß einen Splitter oder einen Stein abbekommen haben. Blitzartig fährt er auf. Jetzt geht der Zielstachel zwischen die Schulterblätter, etwas tiefer und der zweite Schuß kracht. Im Feuer springt der Bär mit einem gewaltigen Satz aus dem Hang und fährt in einer prasselnden Steinlawine abwärts. Kurzfristig verschwindet er für mich in einer Staubwolke. Eine unheimliche Stille tritt ein.

Ich versuche, mir die Stelle des Geschehens genau einzuprägen. Dann gehe ich etwa 300 oder 400 Meter nach links den Hang entlang. Dort finde ich eine Stelle, an der ein Abstieg ohne zu großes Risiko gelingen muß. Schritt für Schritt, mit dem Gesicht zum Berg, taste ich mich abwärts, immer wieder die Festigkeit des Gerölls prüfend. Lange dauert es, bis ich endlich unten bin. Ich schlage das Zielfernrohr – ein sechsfaches Zeiss-Glas – ab und gehe zurück; dorthin, wo ich glaube, daß der Bär liegen könnte. Ich suche lange und finde – nichts!

Spuren von Steinlawinen gibt es an mehreren Stellen; aber die können auch von gestern oder vorgestern stammen. Der Bär muß noch auf den Läufen sein, ich würde ihn sonst doch irgendwo finden! Verzweifelt suche ich nach Schweiß, was aber auf den roten Blättern der Blaubeeren ziemlich aussichtslos ist. Ein Vermögen würde ich jetzt für meinen Hund geben, der jede Schweißfährte findet und eisern hält. Aber das Jagen mit Hunden ist hier nicht erlaubt. Mit immer größerem Radius suche ich und entferne mich damit mehr und mehr vom Steilhang in das große Tal hinein. Dort wird das Gebüsch dichter. Mit stets vorgehaltener Waffe schaue ich in jede Deckung, zwischen Weiden, Erlen, Fichten, Hemlocks. Eigentlich sträflicher Leichtsinn! Einen Bären soll man ja nie allein nachsuchen. Aber mir ist alles egal – ich will meinen Bären! Und ich habe grenzenloses Vertrauen zu meiner Waffe, der Sauer 80 im Kaliber .300 Weatherby Magnum.

Irgendwann wird mir dieses planlose Herumlaufen zu dumm. Ich klettere auf einen Felsbrocken und schaue mich wieder mal in der großen Ebene um. Wo ist hier eine Deckung, die der Bär angenommen hat? Eine größere Gruppe von Sitkafichten und Hemlocks, fast ein kleines Wäldchen, in einer Entfernung von vielleicht 500 Metern, das kann es sein. Dort drin kann er stecken! Vorsichtig pirsche ich um das Dickicht. In jede Lücke schaue ich – nichts. Und dann mit vorgehaltener Waffe durch – nichts! Es ist zum Verzweifeln! Wo ist mein Bär? Ich weiß doch genau, daß er die Kugel hat!

Die Zeit habe ich völlig vergessen. Als ich auf die Uhr schaue, ist es schon vier Uhr und somit das Camp vor Einbruch der Dunkelheit kaum noch zu erreichen. Ich denke über den Heimweg zum Camp nach. Den Steilhang wieder erklettern? Das würde viel Kraft und Zeit kosten; abgesehen von dem Risiko, mit einer Steinlawine abzurauschen. Ich sage mir, es muß doch möglich sein, dieses Bergmassiv zu umgehen! Irgendwo südwestlich von hier muß der kleine Fluß, der von unserem See nach Westen fließt, in dieses große Tal münden, diese steile Wand durchschneiden! Ich entschließe mich, am Fuß der Steilwand entlang nach Südwesten zu marschieren. Gleichzeitig schwöre ich mir, nie wieder ohne Karte in die Wildnis zu gehen!

Ich weiß, daß ich meinen Weg zwischen den von oben erkannten beiden Seen und dem Hang nehmen muß. Zunächst scheint das auch kein Problem zu sein, und ich komme ganz gut voran. Dann muß ich über Niggerheads springen. Immer größer werden die Abstände von Buckel zu Buckel. Ich rutsche ab und fülle mir einen Stiefel voll Schlamm. Nun stehe ich vor einem Moor. Also nach links; aber dort ist auch Moor. Also zurück. Ich versuche, näher am Steilhang durchzukommen; dort liegen Felsbrocken, ganze Barrieren von großen Steinen, über die zu klettern viel Kraft und Zeit kostet und auch nicht ungefährlich ist. Also wieder nach rechts. Ich muß einen Durchschlupf zwischen Steilwand und Moor finden. Dort jedoch, wo ich die Lücke vermutet habe, sind dichte, waagrecht liegende Erlen. Auf allen Vieren krieche ich durch das Gestrüpp, wobei die Waffe, das Doppelglas und der Rucksack große Probleme bereiten. So geht das weiter, bis ich nicht mehr kann. Ich suche mir eine trokkene Stelle zwischen den großen Steinen. Hier lege ich Waffe, Doppelglas und Rucksack ab. Ich will den Rest des Tages zum Sammeln von Brennholz verwenden, die Nacht an einem wärmenden Feuer verbringen und morgen in aller Ruhe den Rückweg zum Camp angehen.

Der Holzhaufen wächst schnell, da hier vor längerer Zeit mehrere Fichten von herabstürzenden Felsen gefällt worden sind. Sie liefern jetzt trockenes Brennholz. Auf die Nacht am Feuer, einmal ganz allein im

Busch, freue ich mich fast. Als ich dann aber im Rucksack vergeblich nach Streichhölzern und Taschenlampe krame, bekomme ich Panik. Ich renne los. Einmal stehe ich plötzlich bis zu den Knien im Moor, ein andermal verliere ich meine Brille beim Kampf mit den Erlen und finde sie erst nach längerem Suchen wieder. Von irgendwo her kommen Geräusche, ein Ast knackt. Der Bär? Der Wolverine? Jetzt habe ich richtig Angst. Die Stimmung ist ganz tief unten!

Ich zwinge mich zur Ruhe, kämpfe weiter gegen die Hindernisse an, die Büchse immer schußbereit in den Händen. Irgendwann höre ich Wasser plätschern. Ich weiß, das kann nur der kleine Fluß sein, der von unserem See kommt, der führt mich zum Camp! Nach der Karte, die ich heute vor mir liegen habe, sind es von dort nochmals fünf oder sechs Kilometer; aber an den Rändern dieses kleinen Flusses ist es trocken, es liegen keine Felsbrocken mehr herum, und der Mond hilft mir mit einem schwachen Licht. Dann sehe ich das große Feuer, das die Kameraden, die mich vermissen, zu meiner Orientierung angemacht haben.

Als ich in den Schein des Feuers trete, ist die Fragerei groß. Aber ich habe nicht mehr die Kraft, viel zu erzählen. Alle wollen mir etwas zum Essen geben, aber ich kann nichts essen. Manfred reicht mir seine letzte Büchse Cola. Sie ist noch halb voll. Ich trinke sie mit einem Zug leer und muß mich übergeben. Dann helfen sie mir, in meinen Schlafsack zu kriechen.

An diesem Tag hat Klemm auf einer Alleinpirsch einen Fuchs geschossen. Er erzählt es mir, als er sich hinlegt. Aber die Einzelheiten dazu bleiben in meinem Gedächtnis nicht mehr hängen, es ist nicht mehr aufnahmefähig.

Später bin ich oft gefragt worden, warum wir nicht mit dem Kompaß gearbeitet haben. Nun, ich hatte einen Kompaß im Rucksack, aber ohne eine gute Landkarte hat auch der Kompaß wenig Sinn. Außerdem muß man berücksichtigen, daß die Ortsmißweisung hier beachtliche Werte erreicht. In einer Flug-Navigationskarte, die ich am Tag meiner Heimreise auf dem International Airport in Anchorage kaufen konnte, waren für unser Camp in den Talkeetna Mountains 27° Ost und für das Camp in den Bonanza Hills 23° Ost angegeben. Die Abweichungen der Kompaßnadel nach Osten sind dadurch bedingt, daß der Magnetische Nordpol im Norden Kanadas liegt. Von unseren Camps aus ergaben sich somit diese großen Winkel zwischen rechtweisend Nord und magnetisch Nord. In Deutschland ist die Abweichung meist Null oder nur wenige Grade groß. Im Camp und während der Jagd habe ich mich oft gewundert, daß der Kompaß nicht mit dem Stand der Sonne übereinstimmte. Außerdem, und das ist wohl die größte Unsicherheit, kann die Kompaßnadel in Alaska durch Erzvorkommen in den Bergen unkontrollierbar stark abgeleitet werden.

Heute, nur 20 Jahre später, sind diese Probleme vergessen. Wer heute in die Wildnis geht, der kauft sich ein Gerät, das nach dem Global Positioning System arbeitet. Ein kleines Gerät, das in jede Manteltasche paßt. Durch Anpeilung mehrerer Satelliten zeigt es zu jeder Tages- und Nachtzeit und bei jedem Wetter auf Knopfdruck den genauen Standort, die Entfernung und Richtung zum Ziel, die geschätzte Ankunftszeit und die Marschgeschwindigkeit an. Nur darf man leider heute als Nonresident, also wenn man nicht mindestens seit einem Jahr in Alaska seßhaft ist, nicht mehr ohne Führer jagen!

Schnee und Eis

Am nächsten Morgen zog ich die letzten trockenen Wäsche- und Kleidungsstücke an. Es war der 1. Oktober 1975. Als ich aus dem Zelt kroch, brutzelten in der Pfanne schon wieder Steaks. Langsam kehrten meine Lebensgeister zurück. Ich mußte berichten. Die Kameraden sagten: „Der liegt, der muß zu finden sein!“ Alle waren bereit, mit mir zur Nachsuche zu gehen! Da aber vier Jäger ein zu großer Aufwand für eine Nachsuche gewesen wären, rieten wir schließlich unserem Jungjäger Manfred, nochmals in östlicher Richtung zu pirschen. Klemm und Siegfried begleiteten mich.

Diesmal packten wir das Massiv direkt vom Camp aus an. Es war ein steiler Anstieg, der viel Kraft und Zeit kostete. Wieder ging es durch den Kessel, über die großen Felsbrocken und durch die Hochebene bis an den Rand der Steilwand. Dann wurde planmäßig nachgesucht, und siehe da, ich hatte den Bär zu weit unten vermutet. Er war mit einem guten Schuß von oben zwischen die Schulterblätter gar nicht den ganzen Hang hinuntergestürzt; er lag im untersten Viertel zwischen Felsbrocken und Weidengestrüpp. Jetzt war ich der glücklichste Jäger der Welt! Die Stimmung war wieder ganz hoch oben!

Vor uns lag eine sehr alte, starke Bärin. Klemm und Siegfried beglückwünschten mich von ganzen Herzen zu diesem Weidmannsheil. Wir waren uns einig, daß wir so viel Hoffnung in diese Jagdreise gar nicht gesetzt hatten! Mit vereinten Kräften drehten wir die Bärin auf den Rücken und zogen die Decke ab. Es war eine langwierige, mühselige Arbeit. Beeindruckend war die dicke Feistschicht, der Vorrat für den Winterschlaf. Das Herauslösen der Zehenknochen hätte uns jetzt zu viel Zeit gekostet. Deshalb blieben die Branten zunächst in der Decke. Im untersten Gelenk trennten wir sie von den Läufen ab. Viel Sorgfalt verwendeten wir auf das Spalten der Decke im Bereich der Lefzen und der Lichter. Schließlich war auch das Haupt vollständig abgezogen. Klemm fragte: „Willst du den Schädel mitnehmen?“ Ich verneinte, denn ich wußte, wie weit der Weg zum Camp war, und was ich zu schleppen hatte. Mit der guten Säge an meinem Nicker trennte ich aber Ober- und Unterkiefer etwa sechs Zentimeter hinter dem Windfang durch, so konnte ich später im Camp in Ruhe auch die Haken herausarbeiten. Wir schafften bis in den Nachmittag hinein, dann hatten wir dem Petz endlich seinen Pelz ausgezogen. Die größte Arbeit leistete hierbei Siegfried. Er hatte ja auch schon vor zwei Tagen seinen Bären ganz allein abgeschwartet! Ich bewunderte Siegfried immer wieder wegen seiner scheinbar unbegrenzten Kondition.

Während dieser Arbeit war es plötzlich kalt geworden. So kalt, daß es uns schwer fiel, die Nicker in den Händen zu halten. Am Himmel zogen dunkle Wolken auf. Dann fing es an zu regnen. Die beiden Kameraden wollten noch einen Umweg machen, bei dem sie auf Jagdglück hofften. Ich wählte den kürzesten Weg; das heißt, ich kletterte den Steilhang hoch. Da ich mich jetzt auskannte, hatte er seine schlimmsten Schrecken verloren. Die Bärendecke hatte ich zu einem großen Bündel zusammengeschnürt und auf den Rucksack gebunden. Sie kam mir unheimlich schwer vor. Außer den Branten hingen auch noch Wildbretreste und sehr viel Feist daran. Hatte ich 30 Kilogramm auf dem Rücken oder 50? Am Steilhang mußte ich immer wieder Pausen einlegen, weil meine Kräfte nicht mehr ausreichten. Als ich oben ankam, waren zweieinhalb oder drei Stunden vergangen. Jetzt schlug mir Eisregen entgegen, der mich in kürzester Zeit vollkommen durchnäßte. Aber es gab keine Wahl. Zähne zusammenbeißen und weiter.

Im Camp stand Manfred neben einem stattlichen Elchgeweih. Er hatte den Elch mittags gestreckt, sauber aufgebrochen und war dann mit dem Geweih auf den Schultern zum Camp marschiert! Was waren wir doch so stolz auf unseren Jungjäger! Manfred hat seine praktische Jagdausbildung in Alaska im Alleingang gemacht! Die deutsche Jägerprüfung hat er übrigens kurz nach seiner Rückkehr in die Heimat nachgeholt. Die Elchschaufeln waren nicht so stark wie die von Dieter erbeuteten. Trotzdem, im Vergleich zu unseren hiesigen Trophäen eine stolze Beute! Da es sehr kalt geworden war, kroch ich bald in den Schlafsack, mein einziges Ausrüstungsstück, das noch halbwegs trocken war. In meinem Taschenkalender steht unter dem ersten Oktober: „Bär nachgesucht und gefunden. Eisregen, es wird kalt, alles naß. Bin restlos fertig!"

Als der Morgen des 2. Oktober graute, mußten wir feststellen, daß in der Nacht etwa 30 Zentimeter Schnee gefallen waren. Außerdem war es noch kälter geworden. Meine nassen Kleider, die ich am Vorabend wegen des starken Eisregens auf einen Haufen in der Zeltecke geworfen hatte, waren steifgefroren. Liegen bleiben konnte ich nicht. Da meine Luftmatratze schon vor einigen Tagen endgültig schlappgemacht hatte, quittierte mein Rücken den harten Untergrund mit starken Schmerzen. Als ich hörte, daß die Kameraden Manfred beim Bergen des Wildbrets seines Elches helfen wollten, entschloß ich mich, mitzugehen. Also rein in die steifgefrorenen Klamotten und Abmarsch. Bei dieser Gelegenheit lernte ich, daß man so die nasse und gefrorene Kleidung am schnellsten trocknen kann; das Eis bricht aus dem Stoff heraus. Nur war ich hinterher am ganzen Körper wund.

Der Elch lag etwa eine dreiviertel Stunde Fußmarsch vom Camp entfernt in östlicher Richtung. Wie sah die Welt plötzlich so ganz anders aus, als wir durch den

Ein schmaler, langer See – der Lake Clark.

Am Ufer stand eine Piper Cub; außerdem lagen dort zwei Boote.

Zum Anheben des Geweihs für ein Foto braucht man viel Kraft.

Das Elchgeweih wurde unter die linke Tragfläche gebunden.

Schnee stapften! Die herrlich bunten Farben waren wie von einem riesigen Pinselstrich mit eintönigem Weiß übermalt worden. Und doch, auch diese weiße Landschaft zeigte die unendliche Weite, wenn nicht gerade eine sehr tief hängende Wolke oder ein Schneeschauer den Vorhang zuzogen. Auf dem Rückweg, als ich auf dem Packboard eine Elchkeule trug, wurde ich endlich wieder richtig warm.

Den Rest des Tages beschäftigten wir uns mit den Trophäen. Die Branten und auch die immer noch starke Feistschicht an der Decke meines Bären machten mir viel Arbeit, zumal durch den Frost das Herauslösen der Zehenknochen nicht gerade leichter geworden war. Arbeit machte uns auch die Beschaffung von halbwegs trockenem Brennholz. Um uns immer wieder aufwärmen zu können, brauchten wir jetzt ein großes Feuer.

Abends zogen wir wieder in ein gemeinsames Zelt. Wir hofften, daß durch die Körperwärme von vier Personen die Temperatur im Zelt nachts etwas ansteigen würde. Ständig versuchte ich auch, am Feuer nasse Kleider zu trocknen. Das Zelt hatte leider keinen verschließbaren Eingang, Reißverschluß oder Knöpfe fehlten. So war ich lange damit beschäftigt, mit Nadel und Zwirn Knöpfe und Knopflöcher anzubringen, was jedoch nicht recht gelingen wollte, da ich vom Schneiderhandwerk so gut wie nichts verstehe.

Körperpflege gab es jetzt praktisch nicht mehr. Vor diesem Kälteeinbruch waren wir in mehr oder weniger regelmäßigen Abständen zum Waschen an den See gegangen. Jetzt war es dafür zu kalt geworden. Über dem Feuer hing meist ein Wasserkessel. Dort konnte man Wasser zum Zähneputzen entnehmen. Das war aber in Sachen Hygiene auch alles. Wir brauchten unsere ganze Energie, um trotz der mangelhaften Ausrüstung mit diesen Temperaturen fertig zu werden.

Am 3. Oktober war das Bild unverändert. Wir hatten eine sehr kalte Nacht hinter uns. Auch schneite es wieder. Jagen hätte wohl keinen Sinn gehabt, auf kleinen Pirschgängen stießen wir auf keine Fährten. So blieben wir im Camp. An den Trophäen gab es noch genug zu tun. Wenn es uns dabei zu kalt wurde, standen wir um das Feuer herum und unterhielten uns – meist über das Wetter. Wie konnte es schon in den ersten Tagen des Monats Oktober plötzlich so kalt werden? An den Ufern unseres namenlosen Sees bildete sich bereits das erste Eis! Da ich mich vor unserer Reise auch etwas mit den Wetterverhältnissen in Alaska beschäftigt hatte, konnte ich einiges dazu beitragen:

Wir befanden uns hier etwa auf demselben Breitengrad wie Oslo oder Leningrad. Also erwarteten wir ein durchaus noch gemäßigtes Klima. Das war es auch, wie wir ja in den letzten drei Wochen festgestellt hatten. Dieses große Land mit seinen vielen Gebirgen und Flüssen ragt aber im Norden noch mehr als 500 Kilometer über den Polarkreis hinaus, bis an das Eismeer; im Westen drücken die Stürme der kalten Beringsee ins Landesinnere, und im Süden sorgt der warme Japanstrom auch im Winter für eisfreie Küsten am Pazifischen Ozean. Wenn diese Kontraste aufeinandertreffen, dann gibt es unberechenbare Entwicklungen im Wettergeschehen.

Man sagt, Alaska sei die Wetterküche für die ganze nördliche Halbkugel. Oft braut sich hier das Wetter zusammen, das nach Überquerung von Kanada und dem Atlantischen Ozean auch uns in Europa trifft! Bis es allerdings bei uns ist, hat es sich – besonders über dem Atlantik – die schärfsten Kanten abgeschliffen. Hier in Alaska erleben wir es in seiner härtesten Form. Von Europa aus können wir die Entwicklung des Wetters frühzeitig erkennen. Hier ist es unmittelbar nach der Entstehung über uns! Eine langfristige Wettervorhersage gibt es in Anchorage nicht!

Auch am 4. Oktober hatte sich das Wetter nicht geändert. Erneut war es in der Nacht sehr kalt geworden. Etwa ein Viertel des Sees war jetzt schon zugefroren. Wir standen zum Aufwärmen am Feuer und redeten über Dean Carrell. Wir hatten ihm gesagt, bei Kälteeinbruch oder starkem Schneefall solle er uns sofort herausholen. Aber er konnte nicht kommen, denn zwischen uns und Anchorage lag die Alaska Range, und die war völlig von Wolken verhüllt. Wir fragten uns, was wir machen sollten, wenn der See weiter zufriert. Dieser kleine See ist offenbar sehr flach. So erklärte es sich auch, daß wir beim Fischen überhaupt keinen Erfolg hatten. Er ist im Winter sicher bis auf den Grund durchgefroren.

Wenn der See so weit zufrieren würde, daß Dean nicht mehr wassern könnte, dann müßten wir warten, bis das Eis trägt, und dann müßte Dean auf Kufen umrüsten oder eine Maschine mit Schneekufen chartern, um auf dem Eis landen zu können. Trotz dieser Probleme waren wir alle guten Mutes. Wir machten Pläne, wie kleine Jungs sie machen: „Wenn er uns gar nicht mehr abholt, dann gehen wir in die Wälder runter und bauen uns eine Blockhütte! Was kann uns geschehen, wir haben Waffen, Munition, Salz und Äxte!“ Wir hatten die große Freiheit begriffen!

„Und jetzt“, sagte Klemm, „machen wir eine Trophäenschau“. Auf einer kleinen Freifläche zwischen den Zelten und dem See wurden alle Trophäen im Halbkreis aufgestellt. Waren wir stolz! Plötzlich Motorengeräusch. Die Beaver brauste im Tiefflug über uns hinweg. Dean hatte zwischen den Bergen der Alaska Range ein Loch in den Wolken gefunden! Großes Hallo! Ich war gespannt, ob die noch eisfreie Fläche zum Wassern ausreichen würde. Dean setzte sehr sauber auf und schaffte es. Er zog die Maschine in Richtung Camp und brach vorsichtig mit den Schwimmern das hier noch dünne Eis. Er warf das Seil und wir machten die Beaver fest. Dean bewunderte unsere Trophäen. Eine solche Beute hatte noch keine der von ihm ausgeflogenen Gruppen gemacht. Dann sagte Dean: „Heute habe ich leider keine Zeit für Euch, ich komme morgen wieder.“ Der Sternmotor heulte auf und Dean verschwand im Tiefflug. Wir müssen wohl sehr dumm aus der Wäsche geschaut haben!

Wieder wurde es eine grimmig kalte Nacht. Als wir am 5. Oktober vorsichtig aus dem Zelt äugten, war das Wetter noch schlechter geworden. Es schneite, die Wolken lagen jetzt auch bei uns fast auf, und der See war noch weiter zugefroren. Schnell wurde das Feuer wieder angemacht, und bald gab es auch wieder Steaks aus der Pfanne. Ich konnte das ständige Wildbret bald nicht mehr sehen, aber etwas anderes hatten wir nicht mehr.

Während ich mich mit den Knöpfen am Zelteingang beschäftigte, stand Manfred am Feuer. Er starrte in die Flammen. Nach etwa einer Stunde stand er immer noch dort, den Blick stur in die Glut gerichtet. Ich rief ihm zu: „Leg doch etwas Holz auf, Manfred, sonst geht das Feuer aus!“ Manfred rührte sich nicht. Jetzt wollte ich zu ihm gehen, um zu fragen, ob ihm etwas fehle. Klemm stoppte mich. „Laß den! Ich beobachte ihn schon lange, das geht vorbei.“ So war es. Am Nachmittag war Manfred wieder ganz der Alte.

Siegfried nahm seine Büchse und ging auf die Pirsch. Er hatte – wie das beim Jagen so ist – ein ganz starkes Karibu schießen wollen und deshalb immer wieder gewartet. Jetzt hatte er keine Zeit mehr zu verlieren. Ihm kam ein mittelstarker Bulle, und er schoß ihn. Es war glücklicherweise nicht weit weg vom Camp, und wieder halfen wir alle beim Transport des Wildbrets. Auf Dean warteten wir heute nicht mehr, das Wetter war jetzt wirklich zu schlecht. Es war auch noch kälter geworden, und wir zweifelten, ob jetzt die Beaver überhaupt noch auf dem See wassern könne.

Die Nacht zum 6. Oktober brach herein. Es war die letzte, vermutlich auch die kälteste Nacht in unserem Camp. Als ich in den Schlafsack kroch, hatte ich nur noch die Stiefel ausgezogen. Alles andere, einschließlich der schweren Jagdjacke, blieb am Körper. Trotzdem kam die Kälte immer stärker durch, vor allem von unten, denn das Zelt hatte keinen Boden. Als wir aber morgens den Kopf raussteckten, sah die Welt ganz anders aus. Der Wind hatte auf Süd gedreht, er schob die Wolken weg und brachte vom Pazifischen Ozean warme Luft mit. Die mit frischem Schnee bedeckten Berge der Alaska Range und der Aleutian Range leuchteten herüber. Ein wunderschöner Tag war angebrochen!

Am Vormittag halfen wir Siegfried nochmals dabei, das Wildbret seines Karibu zu bergen. Gegen Mittag dann das tiefe Brummen der Beaver. Dean drehte zwei Runden und holte zu einer präzisen Landung weit aus. Wir vier standen am Ufer: Wird er es schaffen, wird die noch offene Fläche für das Wassern ausreichen? Er schaffte es. Als Dean aus der Maschine über den Schwimmer an das Ufer kletterte, hatte er eine Sechzehn-Millimeter-Kamera auf dem Rücken. Und wieder gab es eine Trophäenschau. Am Ufer wurden die Trophäen aufgereiht. Die Bärendecken wurden hochgehalten, die Elchschaufeln senkrecht gestellt, und Deans Kamera surrte. Im darauffolgenden Jahr bekam ich einen Prospekt „Hunting & Fishing Alaska – With Dean Carrell – Fly-In“. Dort fanden wir uns auf der ersten Seite wieder.

Wir bauten die Zelte ab, räumten den Zeltplatz auf, schafften alles ans Ufer und halfen beim Beladen der Maschine. Wegen der doch sehr kurzen Startbahn brachte Dean uns in drei Flügen zunächst zu einem größeren See, dem Telaquana Lake. Dieser See liegt etwa 40 Kilometer nordöstlich unseres namenlosen Sees. Auf dem Weg dorthin flog Dean in einer Höhe von etwa 200 Metern über Grund. Ich saß vorne und konnte die verschneite Landschaft unter mir gut beobachten. Ich habe nicht ein einziges Stück Wild gesehen. Wieder wurde mir klar, welch unglaubliches Weidmannsheil wir gehabt hatten. Der Telaquana Lake war noch völlig eisfrei. Sicher weil er viel größer und tiefer ist, und weil in den großen Wassermassen die Temperaturen nicht so schnell absinken.

Hier setzte Dean uns an einer Stelle des Ufers ab, an der bereits vier Jäger standen. Es waren Amerikaner aus den „Lower fortyeight“, den restlichen Bundesstaaten der USA. Auch sie waren vier Wochen in der Wildnis gewesen; auch sie hatte Dean heute herausgeholt. Sie hatten nicht ein einziges Stück Wild erlegt und interessierten sich nun sehr für unsere Trophäen. „Wie habt ihr das gemacht?“ fragten sie. „Wir haben Glück gehabt“ antworteten wir. Ich fragte Klemm: „Was sind das für Kerle, die sehen ja total vergammelt aus?“ Und Klemm sagte: „Wenn du einen Spiegel hättest, lieber Jochen, würdest du erkennen, daß du mindestens genau so vergammelt aussiehst!“ Das war sicher richtig, nur an unser Aussehen hatten wir uns inzwischen gewöhnt.

Vom Telaquana Lake flog Dean zunächst die vier Amerikaner und dann uns nach Anchorage zurück. Der Flug durch die tief verschneiten, in der Abendsonne strahlenden Berge der Alaska Range war wieder ein Erlebnis. Auch Dean hatte offenbar Freude an dieser herrlichen Landschaft; er ging nicht etwa auf eine Höhe, die uns über die Gipfel geführt hätte. Nein, er kurvte durch die Täler! Schließlich wasserte Dean die Maschine auf dem Lake Hood, und am Steg vor seinem Büro wurden wir ausgeladen. Die Zelte und die Trophäen waren noch am Telaquana Lake zurückgeblieben. Er holte sie am nächsten Tag; nichts fehlte.

Im Motel „Barratt Best Western Inn“ angekommen, gab es einigen Nachholbedarf. Brot, Pommes, Gemüse, Mehlspeisen, Süßigkeiten standen im Vordergrund. Hatten wir doch in letzter Zeit nur noch von Wildbret gelebt. Unser Jungjäger soll tagelang nur Eiskrem gegessen haben. Mich selbst reizte am meisten die Badewanne, neben die ich mir einige Flaschen Bier gestellt hatte. An meinem rechten Fuß entdeckte ich drei blau gefrorene Zehen. Das mußte im Camp beim Bearbeiten der Bärendecke passiert sein, als ich nasse Stiefel an den Füßen hatte. Die Zehen nahmen aber bald wieder eine gesunde Farbe an, ohne ärztliche Hilfe.

Im Motel trafen wir auch unseren fünften Mann wieder. Dieter hatte sich gut erholt und freute sich sehr über sein Elchgeweih, das wir ihm mitgebracht hatten.

Der Elch

Als ich mich entschloß, diese Jagdreise nach Alaska anzutreten, hatte ich als Beute in erster Linie immer einen starken Elch vor mir gesehen. Ich bin in Ostpommern geboren und aufgewachsen. Nicht weit entfernt von meiner Heimat, in Ostpreußen, gab es Elche. So war es schon in meiner Jugend immer mein höchstes jagdliches Ziel, einmal einen Elch zu strecken. Ich überlegte, ob ich nicht jetzt, wo ich schon hier war, eine Jagd auf Elche anhängen sollte. Ich sagte mir, der Weg nach Alaska ist weit, der Flug ist nicht billig, wer weiß, ob es dir gelingt, überhaupt noch einmal hierher zu kommen!

Kurz entschlossen fuhr ich mit dem Taxi zum Lake Hood und suchte jenes Unternehmen auf, das bei unserem Besuch vor vier Wochen einen so guten Eindruck auf uns gemacht hatte. In dem Prospekt, den wir dort bekommen hatten, waren zahlreiche Jagdgäste mit starken Trophäen zu sehen. Darunter auch mehrere bekannte deutsche Namen. Der Chef des Unternehmens erklärte mir, ich könne von seiner Lodge am Lake Clark aus jagen und dort sicher einen Big Moose schießen. Am Lake Clark würde mich sein Sohn betreuen. 1.500 Dollar mußte ich auf den Tisch blättern und wir waren uns einig. Der Start wurde auf den kommenden Tag, es war der 9. Oktober, elf Uhr festgelegt.

Pünktlich war ich zur Stelle. Mir war etwas flau im Magen, denn gerade jetzt starteten die Kameraden zum Rückflug in die Heimat. War ich jetzt ein Abtrünniger? Zum Überlegen blieb nicht viel Zeit. Wir kletterten in die zweimotorige Beachcraft. Wir, das war außer mir noch ein Amerikaner, der sich mit dem Namen Werner vorstellte. Ich sagte Jochen, aber das konnte er nicht aussprechen. Der Pilot begrüßte uns mit Hallo! Auf der eigentlich für Autos vorgesehenen Straße rollten wir zum International Airport. Personenkraftwagen, die uns begegneten, mußten von der Straße runter, weil der Vogel eine ziemliche Auslage hatte. Dann Start auf der Betonstartbahn, und ab ging es mit Kurs Südwest.

Verglichen mit allem, was ich hier bisher mit der Fliegerei erlebt hatte, war es jetzt sehr vornehm. Wir saßen in gepolsterten Sesseln, konnten bequem zum Fenster hinausschauen, und aus dem Radio ertönte Musik. Das Gebrumm der beiden Motoren rechts und links in den Tragflächen war – verglichen mit dem Krach in der Beaver – sehr dezent.

Wir flogen zunächst über den Cook Inlet, dann über die weiß strahlenden Gletscher der Chigmit Mountains, und schon kam voraus ein schmaler, aber etwa 70 Kilometer langer See in Sicht, der Lake Clark. Im südlichen Bereich des Sees kreiste der Pilot über der Lodge am Westufer. Es waren zwei Häuschen aus Sperrholz, mit Eternit oder Wellblech abgedeckt, dazwischen ein großer, rot angestrichener Wassertank auf Pfählen, etwa drei Meter hochgesetzt. Am Ufer stand ein Flugzeug. Außerdem lagen dort zwei Boote, von denen eins gerade ablegte und am Ufer entlang nach Südwesten steuerte. Dort, in Nähe einiger Indianerhütten, hatte man mit grobem Schotter eine provisorische Landebahn aufgeschüttet. Die Maschine setzte auf, wobei es ziemlich rumpelte. Mit einem bereitstehenden Pickup wurden wir zum Ufer gefahren. Wir stiegen in das Boot, und ab ging die Fahrt zur Lodge.

Dort lernten wir Bill kennen, den Sohn des Geschäftsinhabers. Er maulte etwas, daß sein Vater ihm noch zwei Kunden schicke, das sei doch zu viel. Ich konnte dazu nichts sagen. Zwei Angestellte waren mit dem Saubermachen von Elchgeweihen beschäftigt, in der Küche schaffte eine junge Köchin. Mir wurde ein weiß bezogenes Bett in einem Raum zugewiesen, in dem insgesamt fünf Betten standen. Außer mir schlief hier noch Werner, zu dem ich bisher noch keinen Kontakt gefunden hatte.

Ich versuchte, mich einzurichten. Schränke, Kommoden oder Nachtkästchen gab es nicht. Also schob ich mein gesamtes Hab und Gut unter das Bett. Die im Prospekt genannte Sauna war leider im Augenblick außer Betrieb. Warum war ich denn plötzlich schon wieder so anspruchsvoll? Weil ich 1.500 Dollar bezahlt hatte? Oder weil ich hier unter lauter fremden Menschen war?

Gerade als ich überlegte, wie ich mir die Zeit vertreiben könnte, wurde zum Essen gerufen. Aus dem zweiten Haus, in dem auch Bill schlief, kamen zwei Jäger. Wir begrüßten uns mit „Hey" und stellten uns vor. Einer hieß John, der andere Hank. Mit meinem Namen Jochen konnten auch sie nicht viel anfangen. Auf die Frage, woher ich komme, sagte ich: „aus Deutschland". Sie kamen aus New York und Kalifornien. Beide waren schick gekleidet; zwar nicht in der von uns gewohnten Jägertracht, aber sehr sportlich, alles nur vom Feinsten, und alles noch ganz tadellos sauber! Ich dagegen sah ziemlich abgerissen aus. Einen Triangel in der Hose hatte ich notdürftig geflickt, am rechten Ellbogen schaute aus einem Loch im Ärmel der Jacke das Futter heraus; alles war in eintönigem Grau verdreckt. Ich hätte mich in Anchorage neu einkleiden müssen; aber das wollte ich mir ersparen, zumal es bei dem genannten Wechselkurs recht teuer geworden wäre. Auch körperlich muß ich ziemlich heruntergekommen ausgesehen haben. Fehlten mir doch, als ich wieder zu Hause war, fast zehn Kilogramm meines normalen Körpergewichts. Immer wieder merkte ich die verstohlenen Blicke, hinter denen die Frage stand: „Wo kommt dieser Tramp nur her?"

Nach dem Essen zeigten sie mir stolz ihre Elchgeweihe, die sie gestern und heute vormittag erbeutet hatten. Ein drittes Geweih, das dort noch an der Wand lehnte, gehörte einem Jäger, der mit der Maschine, die mich gebracht hatte, zurückgeflogen war. Ich beglückwünschte sie zu ihren Trophäen. Es waren nach meinem nicht ganz kompetenten Urteil starke Schaufler. Kapital konnte man sie allerdings wohl nicht nennen. Den Abend verbrachten wir gemeinsam am großen Tisch im Eßzimmer, das gleichzeitig Aufenthaltsraum war. Stimmung kam nicht auf; ich ging bald ins Bett.

Beim Frühstück am nächsten Tag erklärte Bill, daß heute Werner mit ihm zur Jagd fliegen würde. Einer der Angestellten flog mit. Zu dritt kletterten sie in die Piper-Cub, die eigentlich nur für zwei Personen gebaut und zugelassen ist. Wir, das heißt John, Hank und ich, standen am Ufer und schauten zu. Bill rollte mit der Piper-Cub etwa 300 Meter auf dem sehr groben Kies des Seeufers nach Südwesten und startete dann in unsere Richtung. Die dicken Ballonreifen wurden mit den Unebenheiten leicht fertig. Kurz vor den beiden Booten hob die Maschine ab und entschwand in Richtung Westen.

Ich ging zurück in den Aufenthaltsraum. Dort war eine große Landkarte im Maßstab 1:250.000 an der Wand befestigt. Lange stand ich davor und suchte nach dem Gebiet, in dem ich mit den Kameraden gejagt hatte. Das müßte auf dieser Karte doch eigentlich mit drauf sein. Vergeblich. Plötzlich stehen John und Hank hinter mir und fragen, was ich dort suche. Nun bleibt mir keine Wahl. Ich erzähle ihnen, daß ich schon vier Wochen draußen war, und wie es war. Und plötzlich habe ich Kontakt zu den beiden. Sie hören begeistert zu, und sie schauen mich jetzt ganz anders an. Und dann klagen sie mir ihr Leid. Der eine ist Chef eines großen Industrieunternehmens, der andere Professor an einer Universität. Beide haben Familie und beide sind nicht in der Lage, 14 Tage oder gar mehr von zu Hause wegzugehen. Und sie können es sich auch nicht leisten, gesundheitliche Risiken einzugehen.

Schließlich sind wir uns auch einig, daß das, was hier geschieht, mit dem eigentlichen Begriff „Jagd“ nicht mehr so recht zu vereinbaren ist. Aber so ist das eben in der heutigen Zeit! Der Klient, der beim Outfitter gebucht hat, muß innerhalb kürzester Zeit abgefertigt werden. Er ißt und trinkt und will betreut und bedient werden; und das Personal kostet viel Geld! Wollte man den Elch in diesen riesigen Weiten zu Fuß suchen, so bräuchte man dafür sehr viel Zeit, die keiner hat, und die auch kein Mensch bezahlen könnte. Als ich ihnen von unserem Campleben und von der Jagerei in der Wildnis erzähle, sind beide begeistert, aber auch traurig. Die Stimmung wird besser, als John von der Köchin die Whiskyflasche holt.

Am frühen Nachmittag landete die Piper-Cub am Ufer. Direkt unterhalb der Lodge rollte die Maschine aus. An der Verstrebung unter der linken Tragfläche hing, mit Stricken angebunden, das Geweih. Elchschaufeln mittlerer Stärke, an denen jedoch die Vorschaufeln völlig fehlten. Werner sah nicht sehr glücklich aus. Bill sagte mir, daß ich morgen drankäme. Also hatte ich Zeit für einen Spaziergang.

Es gab hier am Ufer sehr viele Elstern. Im Eßraum lehnte an der Wand eine Schrotflinte. Also fragte ich Bill, ob es erlaubt sei, eine Elster zu schießen. Darauf antwortete Bill: „Laß bloß die Magpie leben! Die fressen die toten Lachse, und dann stinkt es hier nicht so sehr!" Das gibt es also auch, Elstern, die nützlich sind! Allerdings mußte ich auch hier feststellen, daß es dort, wo Elstern in größerer Zahl auftreten, keine Singvögel gibt.

Ich wanderte am Ufer entlang in südwestlicher Richtung. Rechts Fichtenwald, links der See. Das Ufer ist hier etwa 30 Meter breit. Überall lagen tote Lachse. Sie werden hier oder in Flüssen, die in den See münden, geboren, wandern dann in den Pazifischen Ozean oder in die Bering See. In ihrem fünften Lebensjahr kehren sie hierher zurück. Dann laichen die Weibchen ab, die Männchen befruchten die Eier und anschließend sterben sie alle. Beim Betrachten der großen Karte in unserem Aufenthaltsraum fehlte mir allerdings ein Fluß, der den Lake Clark mit einem der beiden Meere verbindet. Der See scheint aber einen Abfluß zum Lake Iliamna zu haben, und dieser ist durch einen Fluß mit der Bristolbai und somit mit der Bering See verbunden. Ich fragte Bill, er konnte mir keine überzeugende Auskunft hierzu geben. Unglaublich ist in jedem Fall, welche Strecken die Fische zielsicher zurücklegen, um den Ort ihrer Geburt am Lebensende wieder zu erreichen. Mindestens ein Dutzend Elstern schwirrte um mich herum. Sie haben beim Verspeisen von Fischen in Alaska denselben Appetit wie bei uns in Europa. Ich mußte an mein Häuschen und an den kleinen Fischteich in Offenbach denken.

Am nächsten Tag startete ich um zehn Uhr mit Bill und einem der Angestellten namens Harald mit der Piper-Cub. Es war verdammt eng in der Maschine. Bill saß vorne am Steuerknüppel, Harald auf dem Rücksitz. Zwischen beide hatte man mich geklemmt. Ich saß auf einem kleinen Kissen, die Büchse zwischen den Knien. Meine Stiefel waren rechts und links von Bills Sitz eingekeilt. An ihnen schleiften die Stahlseile entlang, die Bills Bewegungen am Steuerknüppel auf Seiten- und Höhenruder übertragen. In mir kamen Erinnerungen auf an das Ende des Afrika-Feldzugs im Jahr 1943. Damit unsere Mechaniker nicht in Gefangenschaft gerieten, nahmen wir sie in den allerletzten Tagen in der Messerschmitt ME 109 mit. Die Panzerplatte in unserem Rücken und das Funkgerät wurden ausgebaut. Ein Mann lag auf den

Schultern des Piloten, die Beine im Gepäckraum. Der zweite kroch durch eine kleine Öffnung in den Rumpf und lag dort zwischen eben solchen Steuerseilen.

Nach dem Start geht Bill sofort auf Westkurs. In etwa 200 Metern Höhe brummt die kleine Maschine mit schätzungsweise 150 Stundenkilometern dahin. Die Sicht nach beiden Seiten ist ausgezeichnet. Auf der großen Karte in unserem Eßraum habe ich mich orientiert. Wir fliegen über ein gebirgiges oder, besser gesagt, hügliges Land. Die Hügel haben Höhen von maximal 1.000, im Durchschnitt etwa 800 Meter über dem Meeresspiegel. Dieses weite Land, das im Westen bis zu dem etwa 70 Kilometer entfernten Mulchatna River reicht, ist immer wieder durchschnitten von breiten Tälern. Große, tief eingefurchte Flußbetten, in denen nur noch kleine Flüsse oder Bäche plätschern, sofern sie nicht ganz ausgetrocknet sind. In den Tälern ist oft dichter Bewuchs aus Erlen, Weiden, Hemloks, Birken und Espen zu erkennen, dann auch größere Schilfflächen. Auf den Hügeln, meist unmittelbar am Steilrand der Täler beginnend, buckliges Gelände, fußhoch mit gelbem Riedgras, grauem Moos, Schneebeeren und Rentierflechten überzogen, dazwischen auch größere Flächen von kiesigem Geröll.

Bill fliegt die Täler ab. Er müßte sie ja eigentlich schon kennen wie seine Hosentasche. Aber das Wild legt im Verlauf eines Tages und einer Nacht beachtliche Strecken zurück, so daß auch für ihn der Anblick in dieser Beziehung immer wieder neu ist. Jetzt sehen wir unter uns eine Elchkuh mit Kalb. Die beiden ziehen über eine freie Fläche; das Gebrumm der Maschine stört sie nicht. Im Dickicht eines Flußbetts stehen mehrere Elche, darunter auch junge, schwache Geweihte. Zwei Täler weiter ein Schwarzbär. Was macht er da? Er beschäftigt sich mit einem größeren Klumpen. Vermutlich räumt er ein gefallenes Stück Wild auf. Aber schon sind wir drüber hinweg. Zum genauen Betrachten bleibt keine Zeit. In einem der nächsten Täler dann ein Elch. Er steht in einer größeren Schilffläche und sieht zunächst stark aus. Bill kreist und wir können das Geweih genauer ansprechen. Ein mittlerer Schaufler, statt der Vorschaufeln ragen nur zwei oder drei Enden am unteren Teil der Schaufeln nach vorne. Als Bill sich umschaut, sage ich laut und deutlich „No!“

So geht das weiter, bis wir wieder durch ein Tal fliegen, in dem gar kein Wild zu stehen scheint. Doch plötzlich kurvt Bill scharf ein, und jetzt sehe ich es auch. Mitten drin in diesem Kessel befindet sich ein dichtes Gestrüpp aus Fichten, Erlen und Weiden. Und aus dieser Deckung ragen das Haupt und die Schaufeln eines Elchbullen heraus. Wieder kreist Bill, und mehrmals geht er ganz tief runter. Den Elch stört das offenbar wenig! Aber dann schaut er doch zu uns herauf. Die Schaufeln sind wirklich stark. Besonders imponierend sind die Vorschaufeln. Die Auslage allerdings, die bei den Amerikanern eine so große Rolle spielt, ist nicht übermäßig groß.

Bill sucht nach einem Landeplatz. Er findet ihn etwa 500 Meter seitlich vom Tal. Dreimal überfliegt er die Stelle, an der er landen will, im Tiefstflug und schaut nach Hindernissen aus. Dann setzt er vorsichtig zur Landung an. Er hungert die Maschine weitgehendst aus und läßt sie aus niedrigster Höhe auf die moos-überzogene, bucklige Landefläche fallen. Die Piper-Cub wackelt noch kurz mit den Tragflächen, dann ist sie auf einer Strecke von weniger als 20 Metern ausgerollt.

Ich habe Mühe, aus dem engen Käfig zu klettern. Bill hilft mir. Dann erklärt er mir, er müsse bei der Maschine bleiben, Harald würde mich führen. Das Wort „führen" paßt mir an dieser Stelle überhaupt nicht. Aber ich schlucke es herunter. Harald rennt auch gleich mit gewaltigem Tempo los. Ich rufe ihn zurück und sage: „Du gehst hinter mir!" Harald schaut sehr dumm, gehorcht aber.

Langsam gehe ich weiter, denn ich bin sicher, daß der Elch diesen Platz, an dem er sich eingestellt hat, nicht so schnell verlassen wird, und ich möchte nicht ausgepumpt sein, wenn ich zum Schuß komme. Wir pirschen uns an die steile Kante des Tals heran. Zuletzt in gebückter Haltung. Immer wieder bleibe ich stehen und richte mich vorsichtig auf. So kommt schließlich der Augenblick, in dem ich das starke Geweih im Wirrwarr des Gestrüpps erkenne. Der Elch steht noch an derselben Stelle, an der wir ihn aus der Luft gesehen haben. Die letzten 30 Meter lege ich auf allen Vieren zurück. Ich schaue mich um, Harald hat mitgemacht. Schließlich bin ich vorne an der Kante. Immer wieder verschwinden die mächtigen Schaufeln in dem dichten Gestrüpp, dann sind sie wieder da. Jetzt robbt Harald heran, so daß er rechts neben mir liegt. Er schiebt sein Packboard nach links und ich lege meinen Rucksack und die Sauer 80 drauf. Gut so!

Schon seit meinem 13. Lebensjahr jage ich. Immer habe ich, wenn es zum Schuß auf Schalenwild kam, fürchterliches Jagdfieber gehabt. Jetzt ist das anders. Ich bin die Ruhe selber. Liegt das vielleicht daran, daß ich die ganze Jagd hier mehr als eine bezahlte geschäftliche Leistung empfinde?

Das Gestrüpp, in dem der Elch steht, ist nicht groß. Wenn er drei oder vier Gänge nach vorne macht, steht er frei, denn dort ist niedriges Schilf und nichts verdeckt ihn mehr. Die Entfernung schätze ich auf mindestens 250, wenn nicht sogar 300 Meter; aber ich weiß, die .300 Weatherby Magnum mit dem Nosler-Geschoß von 180 Grains (11,66 Gramm) schafft das auch bei dieser Entfernung. Harald fragt mich, ob er nicht nach unten gehen soll, um den Big Moose aus dem Dickicht zu treiben. Ich sage nur: „Du bleibst liegen!“ Und er gehorcht.

Nach etwa einer halben Stunde zieht der Elch aus der Deckung. Er steht jetzt leicht schräg von uns abgewandt, so daß ich im hinteren Teil des Blattes anfasse. Der Wildkörper erscheint mir im sechsfachen Glas selbst auf diese Entfernung riesig. Ich kann mir mit dem Zielstachel die Stelle, die ich brauche, genau aussuchen. Im Schuß stürzt der Elch. Dann kommt er vorne nochmals hoch. Ich habe repetiert, aber ein weiterer Schuß ist nicht nötig – er bricht endgültig zusammen. Wir springen den steilen Hang hinunter und gehen durch viel Schilf. Einen Bach müssen wir überqueren, was nach einigem Suchen an einer günstigen Stelle trockenen Fußes gelingt. Dann stehen wir vor dem Elch. Ich bitte Harald um ein paar Schweigeminuten, was er respektiert. Jetzt versuche ich, das Geweih für ein Foto hochzuheben. Das ist nur mit großer Kraftanstrengung möglich. Der Elch ist nach links, auf die Einschußseite gefallen. Als ich darum bitte, ihn auf die andere Seite zu drehen, weil ich den Einschuß sehen möchte – einen Ausschuß hat er nicht – stellt sich heraus, daß dies bei dem Gewicht dieses Riesen mit zwei Mann nicht zu machen ist.

Jetzt zücken wir die Nicker. Ich denke ans Aufbrechen. Harald aber schärft zunächst das Haupt ab und schnürt es auf sein Packboard. Dann schlägt er mit einem kleinen Beil Erlensträucher ab und fängt an, den Elch damit zu verblenden. Ich frage energisch, wann wir denn den Elch nun endlich aufbrechen. Da sagt Harald: „Wir müssen gehen, Bill wartet, alles andere machen wir später.“ Wie zur Bestätigung seiner Worte brummt plötzlich die Piper-Cub über uns. Bill ist gestartet, um nach dem Fortschritt unserer Arbeit zu sehen. Wir marschieren in Richtung Landeplatz ab. Harald hat das Packboard mit dem Elchgeweih auf seinem Rücken. Ich gehe hinter ihm her, die Elchschaufeln immer vor meinem Gesicht. Meine Bitte, den Elch selber „nach Hause“ tragen zu dürfen, lehnt Harald energisch ab. Das erlaube sein Chef nicht! Als wir bei der Maschine, die wieder am alten Landeplatz steht, ankommen, versucht Bill, auf deutsch „Weidmannsheil“ zu sagen. Das Elchgeweih wird unter die linke Tragfläche gebunden, und ab geht die Reise.

Um ein Uhr Landung auf dem Seeufer vor der Lodge. Genau drei Stunden hat die Jagd auf den Elch gedauert! Die starken Schaufeln wurden von den drei Jägern, die dort auf uns gewartet haben, bewundert. Während des Mittagessens erklärte Bill, daß wir alle noch heute nach Anchorage zurückfliegen würden. Als ich fragte, was mit meinem Elchgeweih geschehen solle, versicherte er mir, daß die Schaufeln nach entsprechender Feldpräparation zum Flughafen Frankfurt/Main geschickt würden. Dort könne ich sie abholen. Das hat auch geklappt.

Bald kreiste die zweimotorige Beachcraft über dem Camp, und abends war ich in Anchorage. Natürlich übernachtete ich wieder im Barrett Best Western Inn.

Hier kannte man mich inzwischen schon. Die Angestellten waren rührend zu mir. Sie hatten die beiden Karibugeweihe, die stark eingesalzene Bärendecke und einige Utensilien für mich aufgehoben.

Nachts im Bett konnte ich nicht schlafen. Immer wieder mußte ich an die Jagd auf den Elch denken. War das noch Jagd in unserem Sinn? Sicher, ich habe ja meine Jagd in der Wildnis vorher erlebt, meinen Einsatz in der großen Freiheit durchgestanden. Jetzt habe ich mir einmal das geleistet, was viele Menschen unter Jagd verstehen. Es war sehr einfach und bequem, allerdings auch teuer. Im Vergleich mit dem, was wir in der Wildnis erlebt haben, war es jagdlich uninteressant. Den Bill, den Harald, und die drei Jäger aus den „Lower Fortyeight" werde ich vermutlich nie wiedersehen. Ich bin dort weggegangen, so wie man aus einem Supermarkt geht, wenn man bezahlt hat.

20 Jahre später, heute, da ich diese Zeilen schreibe, scheint sich die Welt unserer Jagd weiter gewandelt zu haben. Aus der Feder eines in letzter Zeit hoch dekorierten Jagdschriftstellers, der – so die Laudatio – auf vielen jagdlichen Gebieten als Vorbild gilt, der nicht nur über Weidgerechtigkeit und Jagdkultur schreibt, sondern sie auch vorlebt, lese ich zum Thema „Bärenjagd auf der Halbinsel Kamtschatka":

„Bequem im Hubschrauber über das Land ‚pirschend' folgen wir bereits während der ersten Stunde einem mächtigen, selbst aus dieser Höhe noch deutlich im dürrwelken Gras erkennbaren, tief eingegrabenen Bärenpfad … In Bezug auf das wegen dieser Hubschrauberpatrouille vielleicht vorschnelle Naserümpfen sei daran erinnert, daß in einer derart unerschlossenen, wegen ihrer Sümpfe und Flüsse unpassierbaren Landschaft auf Helikopter ebensowenig verzichtet werden kann, wie bei uns zu Hause auf den PKW, in Afrika auf den Geländewagen oder auf das Flugzeug und das Pferd in Alaska. Ohne Hubschrauber ist es unmöglich, bei dieser gottverlassenen, überall von oft grundlosen Flüssen durchzogenen Wildnis, ins unzugängliche Bäreneldorado vorzudringen. Schon gar nicht bei der durchwegs zu kurz bemessenen Zeit der Jäger. Im übrigen liegen zwischen Entdecken des Wildes, schnell und richtig Ansprechen, sich einige Kilometer vom Geschehen entfernt in aller Eile mit dem Nötigsten absetzen lassen, ans Wild herankommen und letztlich einen abgezirkelten Schuß abgeben, jene unwägbaren Welten, die eine Pirsch zum großen Jagen machen und nicht zum billigen Schießen. Für die große Mehrheit der Jäger, die sich selbst im Spiegel anschauen und ein Leben lang Freude an einer ehrlich erworbenen Trophäe haben will, liegt zwischen Anwendung von Technik und ‚Fair chase' kein Widerspruch. Entscheidend ist die Chance, die dem Wild verbleibt! Dies ist der Maßstab jeder jagdlichen Herausforderung."

Diesen Gedanken kann ich nicht folgen. Wie lange wird das Wild unserer Welt solche „Fair chase“ noch überleben? Hier hat es keine Chance mehr! Bei einem weidgerechten Jäger aber läßt ein derartiges Erlebnis keine reine Freude aufkommen!

Zurück in die Heimat

Am 12. Oktober stand ich um neun Uhr in Anchorage auf dem International Airport. Die Damen der Lufthansa, die mein Gepäck abfertigten, waren sehr nett zu mir. Trotz der Jagdausrüstung, der beiden Karibugeweihe und der Bärendecke hatte ich nur neun Kilogramm Übergepäck. Das waren etwa 75 Dollar.

Glück hatte ich auch: Man wies mir einen Fensterplatz hinter der Tragfläche an, so daß ich gut nach unten schauen konnte. Auf diesen Flug hatte ich mich wieder sehr gefreut. Ich bat um ein Bier. Die Stewardeß brachte Frankfurter Kaiser-Pils, mein Lieblingsbier. Der Unterschied zum Bier der Amerikaner war beachtlich!

Nach dem Start schnell noch ein Foto von Anchorage, vom Lake Hood und Spenard, vom Cook Inlet. Dann zog wieder das rauhe Land unter mir durch. Ich wußte nicht, ob ich lachen oder heulen sollte. Lachen, weil es endlich zu meinen Lieben in der Heimat zurück ging. Heulen, weil ich dieses zauberhafte Land vermutlich für immer verlassen, mich wieder in die nervöse Hektik der Bundesrepublik einreihen mußte. Ich bestellte mir noch ein Kaiser-Pils und dazu einen Whisky – gegen den Kummer.

Als ich beim dritten Pils war, ertönte aus dem Lautsprecher eine Stimme: „Bitte schließen Sie die Fensterrollos, wir zeigen Ihnen einen Film mit John Wayne.“ Das paßte mir nun gar nicht. Ich wollte Alaska sehen, mein Fenster blieb offen! Auch die Stewardeß und selbst der Chefsteward konnten daran nichts ändern. Schließlich kam der Pilot. Er setzte sich auf den freien Platz neben mich. Ich erklärte ihm mein Problem, und er verstand mich. Er nahm mich mit in die Kanzel.

Drei Mann fliegendes Personal waren hier beschäftigt. Ich durfte mich auf den freien Sitz hinter dem Piloten setzen. Es wurde die schönste Flugreise meines Lebens. Von hier hatte ich eine herrliche Aussicht, nach vorne, links und unten. Wieder zog Alaska unter mir durch, dann das Eismeer.

Früher, als ich erwartet hatte, kam die Nacht. In der Dunkelheit dieser Nacht sah ich phantastische Nordlichter. Dünne silberne Schleier und Streifen am Himmel im Norden. Immer wieder änderten sich gleitend die Formen und wechselten die Farben von silbern auf blau, grün und auch gelb. Ich glaubte zu träumen.

Ich kam ins Gespräch mit dem Piloten. Natürlich interessierte mich die Frage, wie er den Weg auf der Polroute in finsterer Nacht findet. Er erklärte es mir gerne. Mit einem Kompaß ist hier natürlich überhaupt nichts mehr zu machen; aber es gibt ja die Funkfeuer: Auf der Nordspitze von Grönland, in Norwegen und schließlich in Hamburg. Die Maschine flog im Augenblick mit vollautomatischer Kurssteuerung. Die Mannschaft hatte mit Hilfe der vielen Anzeigegeräte die Triebwerke, die sonstigen Aggregate und natürlich auch den Kurs zu überwachen. Ab und zu einmal ein Funkspruch. Das war alles, zumal die Passagiere um diese Zeit zum größten Teil schliefen, und somit auch aus der Kabine kaum Ansprüche gestellt wurden.

Der Pilot war etwa in meinem Alter, vielleicht zwei oder drei Jahre älter. Ich fragte ihn, wie er denn zur Fliegerei gekommen sei. Er sagte: „Von der Luftwaffe, im Krieg war ich Kampfflieger." Ich erzählte ihm, daß auch ich in der Luftwaffe Pilot war, allerdings als Jagd- und Schlachtflieger. Er hatte die Heinkel 111 und ich die Messerschmitt 109 geflogen. Als wir dann noch über unsere Einsatzorte während des Krieges sprachen, stellten wir fest, daß wir im Sommer und Herbst 1941 im Süden der Ostfront im Bereich der elften Armee an denselben Abschnitten eingesetzt waren. Es wurde eine lange Unterhaltung. Die Sätze begannen meist mit „Können Sie sich noch erinnern wie…" Und dann fielen bekannte Namen wie Kischinew, Nikolajew, Cherson. Schließlich konzentrierten sich unsere Erinnerungen auf die Stadt Berislaw, eine Kleinstadt am Westufer des Dnjepr. Dort bauten die deutschen Pioniere im September 1941 eine Acht-Tonnen-Pontonbrücke aus 116 Pontons, über den dort 700 Meter breiten Fluß. Diese Brücke war wohl die größte und auch die am heißesten umkämpfte Pontonbrücke des Zweiten Weltkrieges. Der Blutzoll war hoch. Mich schoß die russische Flak ab. Nach einer Notlandung jenseits der Front bin ich gelaufen wie ein Hase und nur mit unglaublichem Glück zurückgekommen – von unseren Panzern herausgeholt.

48 Jahre später, im Jahr 1989, konnte ich dann genau dort in den Dnjepr-Auen den stärksten Hirsch meines Lebens strecken. Aber das ahnte ich damals, in der DC 10 rund 10.000 Meter hoch über dem Eismeer noch nicht. Ja, die Welt ist klein geworden, und wenn das Wild dieser Welt überleben soll, dann werden wir uns sehr zurückhalten müssen.

Die Stewardeß brachte Kaffee für die Besatzung und hatte für mich ein Kaiser-Pils dabei – diesmal auf Kosten des Hauses.

Die Nacht war viel kürzer als üblich, wir flogen ja der Sonne entgegen. Als der Morgen graute, gab die DC 10 Höhe auf, und bald erkannte ich voraus einen breiten Fluß, die Elbe und Hamburg. Kurze Zwischenlandung und ohne zu tanken ging es weiter nach Frankfurt/Main. In der Einflugschneise sah ich bei strahlendem Wetter unter uns mein Häuschen und den Garten. Ob die Elstern wieder geräubert haben?